朝乃山 正義全う

大関への軌跡

騎馬の上で笑顔を見せる朝乃山
=2020年3月25日、大阪市中央区

北日本新聞社

KNB
www.knb.ne.jp

富山の“いま”を、わかりやすく!
暮らしに役立つニュースをいち早く!

月~金 夕方4:20~6:55

KNB news every.

月~金 夕方6:15~6:55

身近な話題から政治・経済まで
ひとりひとりが生きやすい社会につながるように考えます。
スポーツにも全力!県関係選手の活躍をお伝えします。

キャスター
武道 優美子

キャスター
数家 直樹

スポーツキャスター
中島 凪

一生懸命

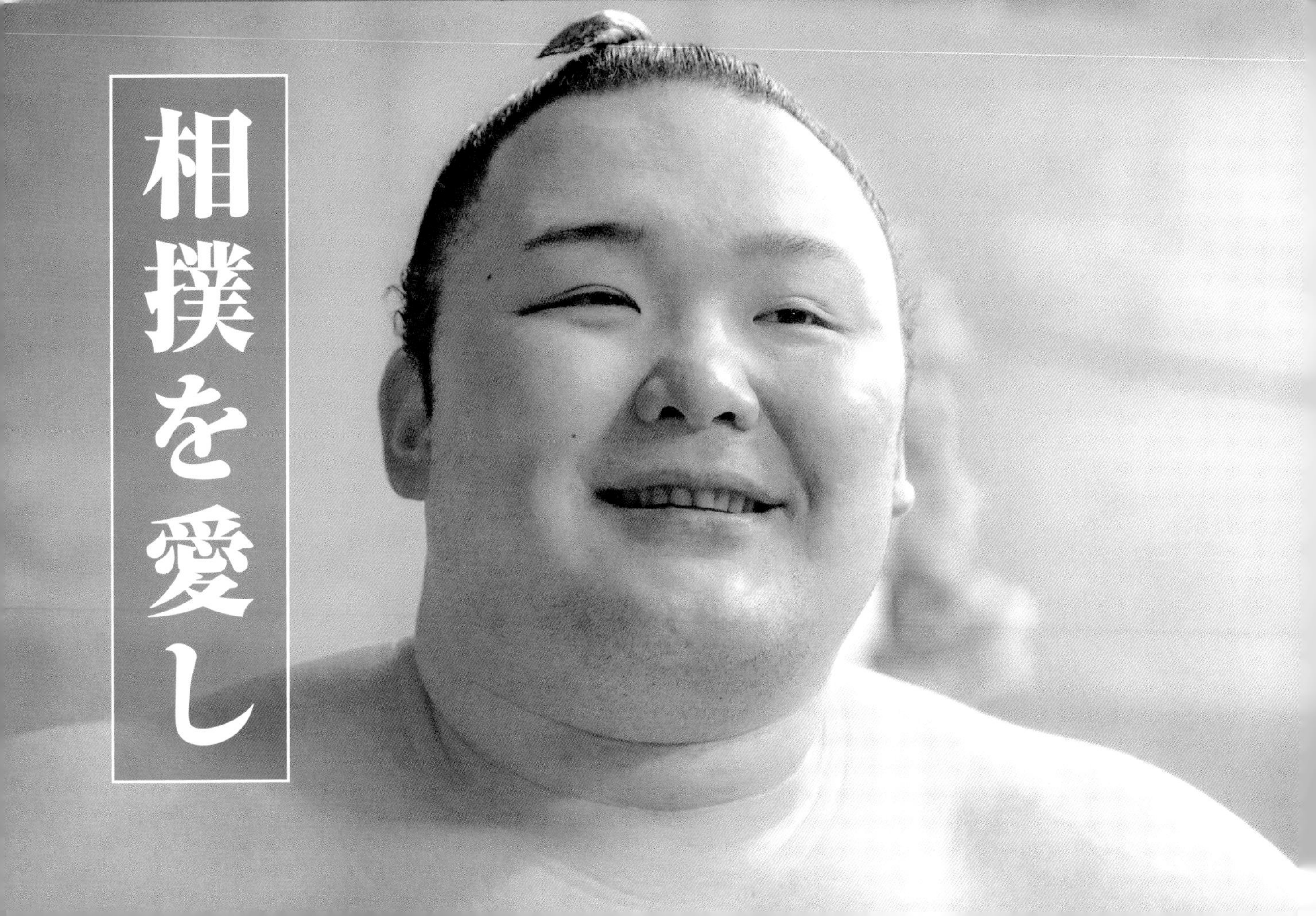
相撲を愛し

30th anniversary
あしたに、もっとハッピーを。
チューリップテレビ
キャスター
西　美香
（にし　みか）
富山の“今”に
とことん
こだわります。
月・火
キャスター
尾島 早都樹
（おじま　さつき）
水・木
キャスター
毛田 千代丸
（けだ　ちよまる）
わたしたちが
富山のニュースを
しめくくります。
News 6
毎週月～金 午後6時15分～
News 深夜便
毎週月～木 午後11時56分～

正義全う

大関朝乃山誕生

大関昇進

看板力士への道
朝乃山 前へ、前へ。

大相撲春場所（エディオンアリーナ大阪）千秋楽が行われた２０２０年3月22日、東関脇の朝乃山は大関貴景勝《たかけいしょう》を破り、11勝目を挙げた。大関昇進目安の「直近3場所33勝」に1勝届かず、大関とりは翌場所に持ち越しかと思われた。

しかし、結びの一番の後、日本相撲協会は朝乃山の「昇進確実」を公表。千秋楽の取組前に「勝てば昇進」と決めていたことを明らかにした。

富山県出身の新大関誕生は１１１年ぶりという歴史的な出来事。穏やかな性格で知られる26歳の若者が大関という看板力士へ上り詰めるまでには、恩師2人との絆、師匠の教え、並々ならぬ努力があった。角界内でも評価が高い右四つの代表格の歩みを振り返り、「綱とり」への道を探った。

石黒航大、南貴大（編集局社会部）

大関昇進の伝達を受ける朝乃山（右から2人目）、高砂親方夫妻＝3月25日午前、大阪市中央区の高砂部屋宿舎

3月25日、日本相撲協会は大相撲夏場所番付編成会議と臨時理事会を開き、東関脇の朝乃山の大関昇進を満場一致で決定した。

終了後、大阪市内の高砂部屋宿舎で昇進伝達式が行われた。通常、大関や横綱の昇進は、理事会からその力士の部屋へ使者が向かい、本人と親方に決定を告げることになっている。

この日も、使者である日本相撲協会の出羽海理事（元幕内小城乃花《おぎのはな》）と千田川審判委員（元小結闘牙《とうが》）を、朝乃山が師匠の高砂親方（元大関朝潮《あさしお》）夫妻と共に迎え、紋付きはかま姿で式に臨んだ。

注目された伝達式の口上は、「大関の名に恥じぬよう、相撲を愛し、力士として正義を全うし、一生懸命努力します」。母校・富山商業高校が教育目標に掲げる「愛と正義」を引用した。中学時代から大切にしてきた言葉『一生懸命』は、前から使おうと決めていた。

新大関の誕生は令和になって初で、富山県出身では１９０９（明治42）年に後の第22代横綱となる太刀山《たちやま》が昇進して以来１１１年ぶり。高砂部屋からは２００２年名古屋場所後の朝青龍《あさしょうりゅう》以来となる。３場所での三役通過は年６場所制となった１９５８年以降で２位タイのスピード出世となった。

朝乃山の春場所の成績は11勝４敗で、大関昇進の目安とされる「直近３場所で計33勝以上」に1勝届かなかったが、右四つの正攻法と安定感のある相撲が評価された。

無観客
「不動の心」恩師が支え

新型コロナウイルスの影響で、史上初の無観客で行われた春場所。静寂の土俵に力士たちが戸惑う中、朝乃山は平常心を失わなかった。2日目には平幕徳勝龍《とくしょうりゅう》を破って連勝スタートとし、「独特な雰囲気だが、その分集中して取れている」と冷静だった。

この「不動の心」を支えたのが、天国にいる2人の恩師だった。十両昇進を確実にした2017年1月に亡くなった富山商業高時代の監督、浦山英樹さん。そして今年1月の初場所のさなかに急逝した近畿大時代の監督、伊東勝人さん。

春場所は土俵に上がるたびに、誰もいない2階席に一度目をやった。千秋楽の取組後、「2人が客席の端に座って見てくれていると思っていた」と明かした。「自信持っていけ」「しっかり当たれ」。仕切りをしながら数々の教えを思い出し、平常心で相撲を取ることができた。

ウイルス禍で外出を控えなければならなくなったことも、朝乃山にはプラスに働いたようだ。

ただ、終盤に大関とりへの星勘定が厳しくなると、重圧に苦しむ場面もあった。13日目に横綱白鵬《はくほう》に完敗。14日目の鶴竜《かくりゅう》戦も敗れ、昇進の目安となる勝利数に届かないことが決まった時

は「自分が弱い。出直しです」と諦めたように語った。

千秋楽の貴景勝戦。大関とりは次の場所に持ち越すことができるため、「来場所につながる相撲を」と再び闘志を燃やし、ここでの勝利が結果的に昇進につながった。苦境に立たされても心を立て直すことのできる強さを見せた。

千秋楽を終え、恩師2人に「大関になりました」と心の中で語り掛けた。異例の場所に動じず、看板力士への階段を駆け上がった。

親方の教え
部屋伝統「前へ出ろ」実践

春場所2日目。初場所優勝の徳勝龍との対戦を控えた朝稽古で、師匠の高砂親方は朝乃山を呼ぶと、「けんか四つ。先に右を差せ」と、ひと言アドバイスした。

現役時代は「大ちゃん」の愛称で親しまれ、今も人情派として人望を集める親方の言葉に、朝乃山は何度も救われてきた。難敵の徳勝龍も落ち着いて退けた。

親方の教えはいつもシンプルで、その柱は「前へ出ろ」。高砂部屋伝統のスタイルでもある。朝乃山は親方の教えをひたむきに実践してきた。春場所中も、記者に大関とりについて尋ねられるたびに、「前に出る自分の相撲を取るだけ」と自らに言い聞かせるように繰り返した。

大関への道のりは平たんなものでは

なかった。初場所では11日目で5敗を喫し、2桁勝利するには1敗も許されない状況に追い込まれた。12日目は大関豪栄道《ごうえいどう》戦。その日の朝稽古で、親方は「攻撃していかないと自分の相撲を取れないぞ」と一喝した。迎えた一番。朝乃山は大関相手に真正面から胸を合わせ、堂々と寄り切った。

親方のアドバイスの一つに筋力トレーニングがある。付け人の朝鬼神《あさきしん》は元ボディービルダー。親方に言われ、朝乃山は昨夏から、朝鬼神に効果的な方法を教わりながら下半身の強化に努めた。足がよく動くようになり、昨年の秋場所からは4場所連続で2桁勝利を挙げている。春場所中には「筋トレの成果が出てきた」と納得顔で語った。

親方は12月に65歳の誕生日を迎え、日本相撲協会を定年退職する。「大関確実」の知らせが届いた春場所の千秋楽後、高砂部屋の打ち上げパーティーで、まな弟子の昇進に「うれしい」と涙を見せた。

向上心
弱点克服へ「稽古の虫」

1月の初場所の直前。朝乃山は田子ノ浦部屋に出稽古に行き、元横綱稀勢《きせ》の里《さと》の荒磯《あらいそ》親方と17番取った。結果は16敗。砂にまみれ、まげがよじれ、息が上がった。引退から丸1年がたった荒磯親方に右を差すことを許してもらえず、得意の「右四つ」が封じられた。「立ち合いで右脇が空くのが弱

❶／大関昇進がかかった春場所14日目、行司差し違えで横綱鶴竜に敗れ複雑な表情を見せた＝エディオンアリーナ大阪 ❷／2020年3月25日の県内は、朝乃山の大関昇進を祝福するかのように快晴に恵まれ、立山連峰もくっきり ❸／朝乃山の地元、富山市呉羽町の県道歩道橋に朝乃山富山後援会が掲げた、昇進を祝う横断幕＝3月26日 ❹／高砂親方（左）の助言に耳を傾ける朝乃山。師弟は強い絆で結ばれている＝大阪市中央区の高砂部屋宿舎（草東良平撮影） ❺／鯛を手に笑顔の朝乃山（中央）。前列右から2人目は高砂親方、後列左から2人目は父の靖さん、3人目は母の佳美さん＝3月25日午前、大阪市中央区の高砂部屋宿舎 ❻／大関昇進を確実にした大相撲春場所千秋楽から一夜明けた3月23日、師匠の高砂親方と握手する朝乃山（右）＝大阪市中央区の高砂部屋宿舎 ❼／稽古場の壁に掛かる木札が「関脇」から「大関」に新しくなった＝3月31日、東京都墨田区の高砂部屋 ❽／大関昇進伝達式に向け、お祝いの花が次々と届いた＝大阪市中央区の高砂部屋宿舎（吉田博昌撮影）

点」と見抜かれた。

朝乃山も課題を自覚している。弱点克服のために力を入れるのが出稽古だ。若手力士の稽古不足が叫ばれる角界で、朝乃山は幕内に定着した2018年から精力的に出稽古を行い、横綱や大関を相手に汗を流す。左上手を取り、右四つとなる動きは、昨年の春巡業で同じ右四つの元大関栃ノ心《とちのしん》と何度も胸を合わせて学んだもので、直後の夏場所では初優勝を飾った。綱を張った荒磯親方には通用しなかったものの、着実に右四つを磨いてきた。

「稽古の虫」の原点は母校の富山商業高にある。故浦山英樹さんの下、厳しい練習の合間にも黙々と自主練習し、負ければ原因を考え、修正しようとする姿を周囲が覚えている。当時から同校相撲部のコーチを務めている中村淳一郎さんは「普段は穏やかな性格だが、相撲に関しては『努力の男』です」と言う。関取になった後も、富山に帰郷した時は時間を見つけてジムでトレーニングに励むなど高校時代の心意気は今も変わらない。

荒磯親方は春場所中、大関昇進を確信しているかのように、「上位になれば相手は弱点を狙ってくる。立ち合いの右腕の位置はどこがいいのか。何千回、何万回当たって『これだ』という確信が持てる」と朝乃山に助言を送った。朝乃山も「これに満足せず、もう一つ上の番付を目指す」と言い切っている。

「稽古の虫」の大関が弱点を完全に克服した時、綱とりが見えてくる。

大関朝乃山誕生
直近3場所の軌跡をたどる

2020年
春場所
東関脇

3月にエディオンアリーナ大阪で行われた大相撲春場所。朝乃山にとっては大関昇進の目安とされる「3場所33勝以上」「今場所12勝」を達成しなければならない重圧とともに、新型コロナウイルス感染防止のための「無観客試合」という緊迫感とも闘わなければならなかった。

初日から5連勝と無難なスタートを切ったが、6日目に難敵・御嶽海《みたけうみ》（西前頭3枚目）、8日目には同期ライバル豊山《ゆたかやま》（東前頭3枚目）に不覚を取り、白鵬《はくほう》、鶴竜《かくりゅう》の両横綱にも敗れた。「12勝」はついえたが、千秋楽の貴景勝《たかけいしょう》（東大関）戦で見せた気迫の勝利や、けれん味のない取り口が評価され、11勝4敗ながら大関の座をたぐり寄せた。

初日

朝乃山（東関脇）○寄り切り● **隠岐《おき》の海《うみ》**（東前頭2枚目）

鋭く急がず　まず1勝

素早く右を差し、左上手を取る得意の形に持ち込んだ。盤石の相撲に見えたが、2度土俵際で粘られた。それでも急がず攻め続け寄り切った。

「この雰囲気（無観客試合）を一回経験したので、明日からは切り替えてやっていく」

隠岐の海（手前）を土俵際へ追い込む朝乃山＝エディオンアリーナ大阪
（草東良平撮影）

徳勝龍（手前）を攻める朝乃山＝エディオンアリーナ大阪
（草東良平撮影）

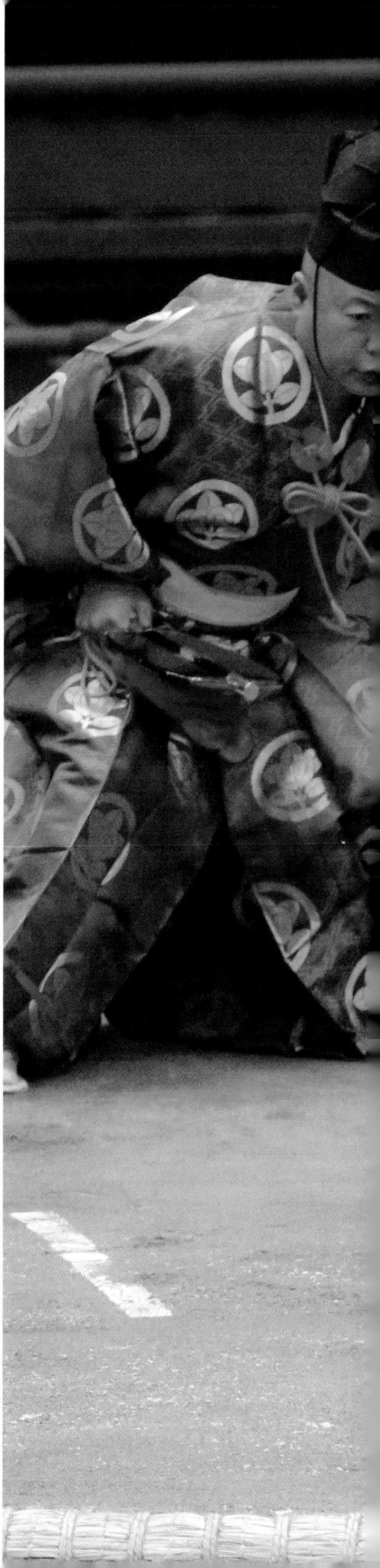

2日目

朝乃山 ○ 上手出し投げ ● 徳勝龍《とくしょうりゅう》（西前頭2枚目）

奇襲に反応 2連勝

立ち合いで相手に右腕を取られるも、落ち着いて突っ張りで押し返し、最後は前に出る相手の左上手を取って出し投げを決めた。

「引くつもりはなかったが、まわしに手が掛かったので（引き倒した）」

大栄翔（左）を押し出しで破る朝乃山＝エディオンアリーナ大阪（草東良平撮影）

3日目

朝乃山 ○押し出し● 大栄翔《だいえいしょう》（東前頭筆頭）

突き押しで完勝

立ち合いから土俵中央で押し合いを続け、徐々に圧力をかけて前進。上体が起き上がった相手の胸を突き、土俵を割らせた。

「まわしは流れの中で取れればいい。とにかく前へ攻めることを心掛けている」

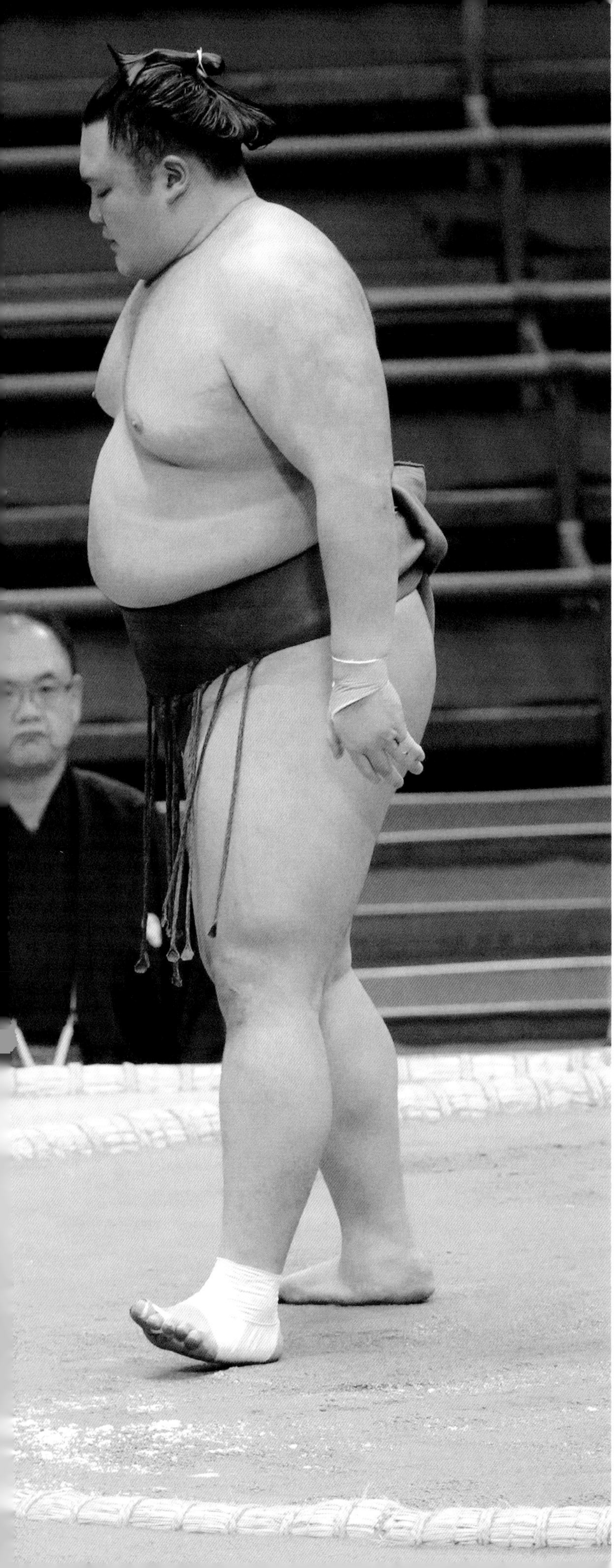

4日目

朝乃山○すくい投げ●北勝富士《ほくとふじ》（東小結）

タイミング良く決める

立ち合い後、押し込まれて土俵際まで後退。得意の左上手は取れないままだったが、差した右腕で相手の脇を押し上げ、重心を浮かしたところでタイミング良くすくい投げを決めた。

「しっかり落ち着いて相手を良く見て相撲が取れている」

朝乃山がすくい投げで北勝富士（左）を下す
＝エディオンアリーナ大阪（草東良平撮影）

5日目

朝乃山

□不戦勝■

高《たか》安《やす》（西前頭筆頭）

運も味方 5連勝

　朝稽古後に相手の休場を知った。序盤の5連勝を裏付ける落ち着きぶりで受け止めた。

「あしたからまた集中したい」

高安が休場し、不戦勝の勝ち名乗りを受ける朝乃山（左）
＝エディオンアリーナ大阪（草東良平撮影）

6日目

朝乃山 ● 寄り切り ○ 御《み》嶽《たけ》海《うみ》（西前頭3枚目）

寄り切りで御嶽海（手前）に敗れる朝乃山＝エディオンアリーナ大阪（草東良平撮影）

強引な投げ不発

立ち合いでもろ差しを許し、自ら攻めることはできなかった。左上手で強引に投げを打ったが、パワーを伝えきれず寄り切られた。

「うまく相撲を取られた」

7日目

朝乃山 ○ 小手投げ ● 遠《えん》藤《どう》（西小結）

力込めた投げ奏功

　立ち合いからけんか四つの相手にもろ差しを許した。苦しい体勢ながら相手を土俵際に追い込むと、押し返してきたタイミングを見逃さず、体を開いて力いっぱい投げた。

「あの投げは前に出ていたからこそ決まった」

遠藤（左）を小手投げで破る朝乃山＝エディオンアリーナ大阪（草東良平撮影）

すくい投げで豊山（右）に敗れ、苦い表情を見せる朝乃山
＝エディオンアリーナ大阪（金田侑香里撮影）

中日

朝乃山 ● すくい投げ ○ 豊《ゆたか》山《やま》（東前頭3枚目）

同期ライバルに完敗

相手の左からのおっつけで右を差せずにいると、徐々に押し込まれ後退。最後は左からのすくい投げに屈した。

「…………」（今場所初めて報道陣の問い掛けに応じず）

朝乃山(左)は差し手争いで得意の右四つを狙う
=エディオンアリーナ大阪(金田侑香里撮影)

9日目

朝乃山 ○寄り切り● 正《しょう》代《だい》（西関脇）

勝ち越しに王手

差し手争いから右を差して土俵際に押し込み、最後は左上手を取って寄り切り、関脇対決を制して勝ち越しに王手を掛けた。

「あんまり覚えていないが、我慢して右を差した。開き直ってやった」

10日目

朝乃山 ○押し出し● 炎《えん》鵬《ほう》（東前頭4枚目）

落ち着いて給金直し

立ち合いから相手を突っ張りで押し返し、懐に潜らせなかった。土俵際まで後退させると一度は回り込まれて残されたが、逃さず捕まえ押し8勝目を挙げた。

「何でもしてくるので慌てず攻めようと思っていた」

攻めの相撲で炎鵬（手前）を土俵際に追い込む朝乃山
＝エディオンアリーナ大阪（吉田博昌撮影）

竜電（右）を寄り切り、9勝目を挙げる朝乃山
＝エディオンアリーナ大阪（吉田博昌撮影）

11日目

朝乃山 ○寄り切り● 竜《りゅう》電《でん》
（東前頭5枚目）

万全の寄りで圧倒

立ち合いで相手に突っ張られ、右を差せなかったが、しっかり圧力を掛けて左を差す。すかさず右を深く差し込んでもろ差しの体勢になり、そのまま寄り切った。

「立ち合いの感触はいつも通り。しっかり対応して思い切り走った」

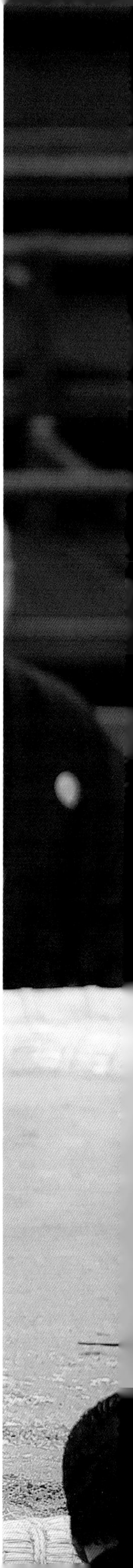

隆の勝（手前）を押し倒し、4場所連続の2桁勝利を決める朝乃山＝エディオンアリーナ大阪（吉田博昌撮影）

12日目

朝乃山○押し倒し●隆《たか》の勝《しょう》（東前頭9枚目）

4場所連続2桁勝利

立ち合いからすぐに右を差し、胸を合わせて自分の形に。回り込んで逃げようとする相手を力強く押し倒し10勝目を挙げた。

「番付に関係なく思い切りいった。少しずつ圧力をかけながら前に出た」

白鵬（奥）が押し出しで朝乃山を下す
=エディオンアリーナ大阪

13日目

朝乃山 ●押し出し○ 白《はく》鵬《ほう》（東横綱）

白鵬の壁厚く3敗目

立ち合いで左上手を取りにいったが、横綱に差された右腕に阻まれ、まわしに手が届かなかった。右も差す隙を与えられず、あっという間に土俵外へ。

「まだ弱いってこと」

14日目
朝乃山 ●下手投げ○ 鶴《かく》竜《りゅう》（西横綱）

昇進目安「12勝」届かず

土俵際で投げの打ち合いになり、軍配は朝乃山に上がったが、物言いの末結果はひっくり返った。この結果、大関昇進の目安「12勝」に届かなくなった。

「悔いはない。力を振り絞った結果。あとちょっとだった」

鶴竜（左）が下手投げで朝乃山を下す
=エディオンアリーナ大阪

千秋楽で貴景勝（左）を押し倒し、１１勝目を挙げる朝乃山＝エディオンアリーナ大阪（吉田博昌撮影）

千秋楽

朝乃山 ○押し倒し● 貴景勝《たかけいしょう》（東大関）

気迫で大関つかむ

勝ち越しがかかった大関が立ち合いから鋭い突きを繰り出したが、がっちりと組んで止めた。左上手をつかむと、休まず攻め続け、最後は豪快に押し倒した。

「負けても勝っても来場所につながるような相撲を取ろうと決めていた」

開花した富山の大器

鯛を手に笑顔の朝乃山（中央）。前列右から2人目は高砂親方、後列左から2人目は父の靖さん、3人目は母の佳美さん＝2020年3月25日午前、大阪市中央区

令和初の新大関に

異例の春場所 無観客での取組

新型コロナウイルス感染拡大を受け、史上初の無観客となった大相撲2020年春場所。大関昇進がかかる東関脇の朝乃山にとっても異例ずくめの本場所となった。

初日、歓声も拍手もなく

会場のエディオンアリーナ大阪周辺は、人出が少ない上、力士のしこ名を染めたカラフルなのぼり旗もなく、場所中とは思えないほど殺風景だった。

初日の3月8日、場内には通常の場所と同じように升席が組まれたが、観客はおらず、声援や拍手もない中で、力士のぶつかり合う音や息づかいが響くのみ。

日本相撲協会の八角理事長（元横綱北勝海《ほくとうみ》）は、幕内取組前の協会あいさつで「世界中の方々に勇気や感動を与え、世の中に平安を呼び戻すことができるよう、15日間全力で努力する所存」と述べた。

力士はマスク着用と1日2度の検温が「義務化」され、外出は極力控えなければならず、会場外でもファンとの握手などが禁じられた。記者の取材も2メートルの距離を取って柵越しに行われた。

朝乃山は、母校・富山商業校同窓会から送られた化粧まわしをつけて土俵入り。東前頭2枚目の隠岐《おき》の海《うみ》（八角部屋）を寄り切り、好スタートを切った。

序盤の5連勝、御嶽海に初黒星

「無観客にも慣れた」という朝乃山。春場所序盤は落ち着いた取組で、優勝した昨年5月場所以来の、初日からの5戦5連勝（不戦勝含む）を遂げた。

6日目13日は、同じく5連勝している元関脇で幕内優勝2回の西前頭3枚目御嶽海《みたけうみ》（出羽海部屋）との取組。立ち合いでもろ差しを許す苦しい展開で、最後は寄り切られ初めて土がついた。

7日目の遠藤《えんどう》戦では、もろ差しを許しながらも、右から力いっぱい投げを打ち難敵を下したが、8日目は同期ライバルの豊山《ゆたかやま》（時津風部屋）にすくい投げで敗れた。9日目は心機一転、母校・近畿大の化粧まわしで土俵入りに臨み、西関脇の正代《しょうだい》（時津風部屋）を寄り切って、7勝2敗と勝ち越しに王手をかけた。

10日目の炎鵬《えんほう》戦。人気力士同士の対決だけに土俵上にはずらりと懸賞旗が並んだ。朝乃山は、立ち合いから懐に潜

千秋楽から一夜明けた会見で記者の質問に答える朝乃山＝3月23日、大阪市中央区

り込もうとする炎鵬を捕まえ（写真5ページ）前に出てじっくり攻め続け押し出した。先場所で翻弄された相手だが、「何でもしてくるので慌てず攻めようと思った」と振り返る。

11日目は東前頭5枚目の竜電《りゅうでん》（高田川部屋）を寄り切りで圧勝し、12日目は東前頭9枚目の隆《たか》の勝《しょう》（千賀ノ浦部屋）を押し倒した。これで10勝目を挙げ、4場所連続2桁勝利となった。

正攻法への評価高く

昇進目安とされる12勝まであと2勝に迫ったが、2敗の白鵬《はくほう》（宮城野部屋）が横綱の意地を見せ、押し出されて黒星を喫した。白鵬はその後も2敗を守り、千秋楽での横綱対決で2場所ぶり44度目の優勝を決めた。

14日目の横綱鶴竜《かくりゅう》（陸奥部屋）とは土俵際で投げの打ち合いとなり、行司差し違えで敗れた。これで昇進目安の「直近3場所で合計33勝」に届かなくなったが、朝乃山は「悔いはない。力を振り絞った結果。あとちょっとだった」と述べた。

3月22日の千秋楽、朝乃山は立ち合いから鋭い突きを繰り出す東大関の貴景勝《たかけいしょう》（千賀ノ浦部屋）をがっちり組んで止め、左上手をつかむと休まずに攻め、最後は土俵際で押し倒した。

朝乃山は11勝4敗で場所を終え、直近3場所計32勝であと1勝届かなかったが、堂々とした安定感のある相撲が評価され、大関昇進が確定した。特に右四つの正攻法への評価は高く、その素質や伸びしろへの期待は大きい。また西の大関が空位のため新たな大関を期待する声も出ており、8敗の貴景勝が来場所負け越せば大関から関脇に陥落するため、大関不在を回避する意図も働いたとみられる。

子どもに尊敬される力士に

新型コロナウイルス感染拡大により、史上初の無観客開催となった2020年春場所。静寂に包まれた異例の土俵で奮闘し、大関昇進への道を確実にした朝乃山。千秋楽終了後、思いがけず舞い込んだ知らせに「自分の相撲を取り切って（世間に）明るいニュースを届けたかった。呼び名も『関取』から『大関』に変わってくる。小さい子どもに尊敬される力士になっていきたい」とうれしさを隠せない様子で決意を語った。

史上初の無観客開催となった大相撲春場所で、八角理事長の協会あいさつに臨む力士ら＝3月8日、エディオンアリーナ大阪

令和2年 大相撲春場所星取表

【東】

番付	力士	部屋 年齢	出身	成績		初	2	3	4	5	6	7	8	9	10	11	12	13	14	千
横綱	白鵬	宮城野 35	（モンゴル）	13勝2敗	☆	○遠藤	○大栄	○高安	○隠岐	○徳勝	○豊山	○御嶽	○阿炎	○竜電	●阿武	○北富	●正代	○朝山	○碧山	○鶴竜
大関	貴景勝	千賀浦 23	（兵庫）	7勝8敗	★	○高安	●隠岐	○遠藤	●大栄	●御嶽	○炎鵬	○徳勝	○北富	●豊山	●正代	●阿炎	○竜電	●鶴竜	○阿武	●朝山
関脇	朝乃山	高砂 26	（富山）	11勝4敗	☆	○隠岐	○徳勝	○大栄	○北富	□高安	●御嶽	○遠藤	●豊山	○正代	○炎鵬	○竜電	○隆勝	●白鵬	●鶴竜	○貴景
小結	北勝富士	八角 27	（埼玉）	4勝11敗	★	●豊山	○鶴竜	○徳勝	●朝山	●大栄	●遠藤	●阿炎	●貴景	●御嶽	●妙義	●白鵬	○炎鵬	●竜電	○輝	●松鳳
前頭	大栄翔	追手風 26	（埼玉）	8勝7敗	☆	●鶴竜	●白鵬	●朝山	○貴景	○北富	○正代	○豊山	○徳勝	○隠岐	○阿炎	●御嶽	●阿武	●炎鵬	○竜電	●霧馬
2	隠岐の海	八角 34	（島根）	8勝7敗	☆	●朝山	○貴景	●鶴竜	●白鵬	●炎鵬	○阿炎	○正代	○遠藤	●大栄	○徳勝	○妙義	●輝	○豊山	●霧馬	○琴奨
3	豊山	時津風 26	（新潟）	8勝7敗	☆	○北富	●遠藤	○炎鵬	●御嶽	●鶴竜	●白鵬	●大栄	○朝山	○貴景	○輝	○宝富	○阿炎	●隠岐	●栃心	○千丸
4	炎鵬	宮城野 25	（石川）	6勝9敗	★	●御嶽	○竜電	●豊山	●正代	○隠岐	●貴景	●鶴竜	○阿武	●遠藤	●朝山	○徳勝	●北富	○大栄	●妙義	○勢
5	竜電	高田川 29	（山梨）	6勝9敗	★	○阿炎	●炎鵬	○妙義	●阿武	●宝富	○玉鷲	○松鳳	●正代	●白鵬	●鶴竜	●朝山	●貴景	○北富	●大栄	○東龍
6	妙義龍	境川 33	（兵庫）	4勝11敗	★	●阿武	●宝富	●竜電	●阿炎	○松鳳	●輝	●玉鷲	●隆勝	○栃心	○北富	●隠岐	●徳勝	●錦木	○炎鵬	●栃煌
7	宝富士	伊勢浜 33	（青森）	9勝6敗	☆	●輝	○妙義	●松鳳	○玉鷲	○竜電	○阿武	●栃心	○佐海	○霧馬	○隆勝	●豊山	○千大	●御嶽	●正代	○遠藤
8	松鳳山	二所関 36	（福岡）	4勝11敗	★	●玉鷲	●隆勝	○宝富	●輝	●妙義	●霧馬	●竜電	○栃煌	●錦木	●栃心	●志摩	●魁聖	○徳勝	●佐海	○北富
9	隆の勝	千賀浦 25	（千葉）	12勝3敗	☆	○霧馬	○松鳳	○佐海	○栃心	●千大	○栃煌	○輝	○妙義	○玉鷲	●宝富	○石浦	●朝山	○碧山	○御嶽	○正代
10	佐田の海	境川 32	（熊本）	6勝9敗	★	○栃心	●石浦	●隆勝	●霧馬	○勢	●千大	○栃煌	●宝富	●輝	●玉鷲	●明生	○東龍	○大奄	○松鳳	●錦木
11	千代大龍	九重 31	（東京）	8勝7敗	☆	○栃煌	○栃心	○照強	●石浦	○隆勝	○佐海	○勢	●琴若	●碧山	○霧馬	●魁聖	●宝富	●明生	○琴奨	●志摩
12	石浦	宮城野 30	（鳥取）	9勝6敗	☆	○照強	○佐海	○栃煌	○千大	●琴奨	○栃心	●千丸	○錦木	○勢	●魁聖	●隆勝	○琴若	●志摩	●明生	○碧山
13	琴奨菊	佐渡嶽 36	（福岡）	7勝8敗	★	●勢	○魁聖	●碧山	●照強	○石浦	○大奄	○明生	●志摩	○栃煌	●東龍	○千丸	●錦木	○栃心	●千大	●隠岐
14	魁聖	友綱 33	（ブラジル）	8勝7敗	☆	●碧山	●琴奨	●勢	○大奄	○志摩	○東龍	●琴若	○照強	○明生	○石浦	○千大	○松鳳	●霧馬	●徳勝	●阿炎
15	剣翔	追手風 28	（東京）	1勝4敗10休	★	○錦木	●東龍	●千丸	●琴若	■碧山	や	や	や	や	や	や	や	や	や	や
16	東龍	玉ノ井 32	（モンゴル）	5勝10敗	★	●千丸	○剣翔	○錦木	○明生	●琴若	●魁聖	○志摩	●勢	●大奄	○琴奨	●照強	●佐海	●玉鷲	●栃煌	●竜電
17	明生	立浪 24	（鹿児島）	7勝8敗	★	●志摩	○琴若	●大奄	●東龍	○錦木	●碧山	●琴奨	□千丸	●魁聖	○勢	○佐海	●照強	○千大	○石浦	●輝
18	琴ノ若	佐渡嶽 22	（千葉）	9勝6敗	☆	○大奄	●明生	○志摩	○剣翔	○東龍	●千丸	○魁聖	○千大	○英海	●照強	●碧山	●石浦	●勢	○錦木	○栃心

【西】

番付	力士	部屋 年齢	出身	成績		初	2	3	4	5	6	7	8	9	10	11	12	13	14	千
横大	鶴竜	陸奥 34	（モンゴル）	12勝3敗	☆	○大栄	●北富	○隠岐	○高安	○豊山	●徳勝	○炎鵬	○御嶽	○阿炎	○竜電	○正代	○遠藤	○貴景	○朝山	●白鵬
関脇	正代	時津風 28	（熊本）	8勝7敗	☆	○徳勝	○高安	●御嶽	○炎鵬	●遠藤	●大栄	●隠岐	○竜電	●朝山	○貴景	●鶴竜	○白鵬	○阿炎	○宝富	●隆勝
小結	遠藤	追手風 29	（石川）	7勝8敗	★	●白鵬	○豊山	●貴景	○徳勝	○正代	○北富	●朝山	●隠岐	○炎鵬	●御嶽	○阿武	●鶴竜	○輝	●阿炎	●宝富
前頭	高安	田子浦 30	（茨城）	0勝5敗10休	★	●貴景	●正代	●白鵬	●鶴竜	■朝山	や	や	や	や	や	や	や	や	や	や
2	徳勝龍	木瀬 33	（奈良）	4勝11敗	★	●正代	●朝山	●北富	●遠藤	●白鵬	○鶴竜	●貴景	●大栄	○阿武	●隠岐	●炎鵬	○妙義	●松鳳	○魁聖	●玉鷲
3	御嶽海	出羽海 27	（長野）	10勝5敗	☆	○炎鵬	○阿炎	○正代	○豊山	○貴景	○朝山	●白鵬	●鶴竜	○北富	○遠藤	○大栄	●碧山	○宝富	●隆勝	●阿武
4	阿炎	錣山 25	（埼玉）	7勝8敗	★	●竜電	●御嶽	○阿武	○妙義	○輝	●隠岐	○北富	●白鵬	●鶴竜	●大栄	○貴景	●豊山	●正代	○遠藤	○魁聖
5	阿武咲	阿武松 23	（青森）	9勝6敗	☆	○妙義	○輝	●阿炎	○竜電	○玉鷲	●宝富	○霧馬	●炎鵬	●徳勝	○白鵬	●遠藤	○大栄	○照強	●貴景	○御嶽
6	輝	高田川 25	（石川）	8勝7敗	☆	○宝富	●阿武	○玉鷲	○松鳳	●阿炎	○妙義	●隆勝	○霧馬	○佐海	●豊山	●栃心	○隠岐	●遠藤	●北富	○明生
7	玉鷲	片男波 35	（モンゴル）	6勝9敗	★	○松鳳	●霧馬	●輝	●宝富	●阿武	●竜電	○妙義	●栃心	●隆勝	○佐海	●栃煌	●勢	○東龍	○大奄	○徳勝
8	霧馬山	陸奥 23	（モンゴル）	9勝6敗	☆	●隆勝	○玉鷲	●栃心	○佐海	○栃煌	○松鳳	●阿武	●輝	●宝富	●千大	○錦木	○志摩	○魁聖	○隠岐	○大栄
9	栃ノ心	春日野 32	（ジョージア）	6勝9敗	★	●佐海	●千大	○霧馬	●隆勝	●照強	●石浦	○宝富	○玉鷲	●妙義	○松鳳	○輝	●千丸	●琴奨	○豊山	●琴若
10	栃煌山	春日野 33	（高知）	3勝12敗	★	●千大	●照強	●石浦	●勢	●霧馬	●隆勝	●佐海	●松鳳	●琴奨	●錦木	○玉鷲	●大奄	●千丸	○東龍	○妙義
11	照強	伊勢浜 25	（兵庫）	9勝6敗	☆	●石浦	○栃煌	●千大	○琴奨	○栃心	●勢	○碧山	●魁聖	●志摩	○琴若	○東龍	○明生	●阿武	○千丸	○大奄
12	勢	伊勢海 33	（大阪）	8勝7敗	☆	○琴奨	●碧山	○魁聖	○栃煌	●佐海	○照強	●千大	○東龍	●石浦	●明生	○大奄	○玉鷲	○琴若	●志摩	●炎鵬
13	碧山	春日野 33	（ブルガリア）	11勝4敗	☆	○魁聖	○勢	○琴奨	○錦木	□剣翔	○明生	●照強	○大奄	○千大	○志摩	○琴若	○御嶽	●隆勝	●白鵬	●石浦
14	錦木	伊勢海 29	（岩手）	6勝9敗	★	●剣翔	●千丸	●東龍	●碧山	●明生	○志摩	●大奄	●石浦	○松鳳	○栃煌	●霧馬	○琴奨	○妙義	●琴若	○佐海
15	千代丸	九重 28	（鹿児島）	7勝6敗2休	★	○東龍	○錦木	○剣翔	●志摩	●大奄	○琴若	○石浦	■明生	や	や	●琴奨	○栃心	○栃煌	●照強	●豊山
16	志摩ノ海	木瀬 30	（三重）	9勝6敗	☆	○明生	○大奄	●琴若	○千丸	●魁聖	●錦木	●東龍	○琴奨	○照強	●碧山	○松鳳	●霧馬	○石浦	○勢	○千大
17	大奄美	追手風 27	（鹿児島）	5勝10敗	★	●琴若	●志摩	○明生	●魁聖	○千丸	●琴奨	○錦木	●碧山	○東龍	●琴勇	●勢	○栃煌	●佐海	●玉鷲	●照強

優勝 白鵬 13勝2敗（44度目）

十両 琴勝峰 12勝3敗（初）

幕下 錦富士 7戦全勝

三段目 宇良 7戦全勝

序二段 出羽ノ龍 7戦全勝

序ノ口 篠原 7戦全勝

三賞
殊勲 阿武咲（初）
敢闘 隆の勝（初）
技能 碧山（初）

○＝勝ち ●＝負け □＝不戦勝 ■＝不戦敗 や＝休場 ☆＝勝ち越し ★＝負け越し 横大は横綱大関 部屋名の次の数字は年齢

2020年大相撲春場所星取表

2020年 初場所 東関脇

1月に東京・両国国技館で行われた大相撲初場所。小結から関脇に昇進した朝乃山にとって、初場所は大関とりへの重要なステップとなった。場所前から2桁勝利を目指したが、11日目で5敗目を喫して後がない状況になったものの、その後は4連勝で締めくくり10勝を挙げた。

特に終盤で豪栄道《ごうえいどう》、貴景勝《たかけいしょう》の2大関を破ったことは、大関昇進の機運を高める好材料となった。

初日

朝乃山（東関脇）○寄り切り●御嶽海《みたけうみ》（西前頭2枚目）

攻めて難敵破る

立ち合いで押し込まれながらもしっかり残すと、相手の引きに乗じて押し返し、左上手を引く自分の形に持ち込み、難敵を一気に寄り切った。

「見に来てくれる人、応援してくれる人にふがいない相撲は見せられない。期待に応えていきたい」

御嶽海（右）を寄り切りで破る朝乃山＝東京・両国国技館（吉田博昌撮影）

朝乃山が送り出しで玉鷲（右）を破る＝両国国技館

2日目

朝乃山 ○送り出し● 玉《たま》鷲《わし》

（東前頭3枚目）

喉輪に苦しむも撃破

立ち合いで喉輪にのけぞり、おっつけられて右を差せなかったが、相手の喉輪が抜けたところを見逃さずに左を深く差して一気に送り出した。

「体がよく動いている分、しっかり相撲が取れている」

3日目

朝乃山 ○寄り切り● 隠《お》岐《き》の海《うみ》（東前頭4枚目）

踏み込みに安定感

隠岐の海（右）を寄り切る朝乃山＝両国国技館（吉田博昌撮影）

立ち合いで右四つに持ち込み、あっという間に寄り切った。自分の形に持ち込んで初日から3連勝を飾った。

「一日一番、自分の相撲を取り切るだけ。余計なことは何も考えていない」

押し倒しで阿炎（右）に敗れる朝乃山＝両国国技館（吉田博昌撮影）

4日目

朝乃山 ●押し倒し○ 阿《あ》炎《び》（東小結）

押し込まれ連勝止まる

立ち合いから相手の激しい突っ張りを受けて体を起こされると、そのまま押し倒された。

「前に出られなかった。だめな相撲だった」

5日目

朝乃山 ●寄り倒し○ 遠《えん》藤《とう》（東前頭筆頭）

差し手争い 巧者に屈す

けんか四つの相手に立ち合いの差し手争いで厳しくおっつけられ、右を差せなかった。投げを打ったが、土俵際で体を預けられた。

「前に出ないと、自分の相撲が取れない。そこが大事」

遠藤（左）に寄り倒しで敗れる朝乃山＝両国国技館（吉田博昌撮影）

妙義龍（手前）を押し込む朝乃山＝両国国技館（吉田博昌撮影）

6日目

朝乃山 ○寄り切り● 妙《みょう》義《ぎ》龍《りゅう》（西前頭筆頭）

攻めの姿勢取り戻す

相手のおっつけで右を差すことができない状況で喉輪を食らったが、下がらなかった。突き押しもこらえ、相手の引きに乗じて前進。右をねじ込み土俵外に運んだ。

「顎を引いて相手をよく見れた。右が入ったので構わずにいった」

急逝の恩師弔う白星

この日未明に急逝した近畿大相撲部監督、伊東勝人さんを弔う白星を挙げた。取組では好敵手に対して一歩も退かず、前に出続けて一蹴した。

「今は場所中。（恩師の死に）落ち込んでいる暇はない」

7日目

朝乃山 ○寄り切り● 北勝富士《ほくとふじ》
（東前頭2枚目）

朝乃山が寄り切りで北勝富士（左）を下す＝両国国技館

中日

朝乃山 ●すくい投げ○ 正《しょう》代《だい》
（西前頭4枚目）

優勝争い 痛い黒星

相手に左はずを押されて土俵際まで押し込まれた。それでも左を差し、強引に前へ出ようとしてすくい投げを食らった。

「勝ちたいという気持ちが出てしまった」

正代（右）に攻められる朝乃山＝両国国技館（垣地信治撮影）

朝乃山が上手投げで大栄翔（右）を破る＝両国国技館

9日目

朝乃山 ○上手投げ● 大栄翔《だいえいしょう》（西小結）

豪快な投げ決める

　過去２勝７敗と分の悪かった相手に立ち合いで押し込まれた。懸命に押し返してしのぎながら左上手をがっちり取り、相手を裏返した。

「決して良い相撲ではなかったが、白星はうれしい」

10日目

朝乃山 ●下手投げ○ 栃《とち》ノ《の》心《しん》（西前頭6枚目）

再三の投げ耐え切れず

相手の再三の投げを耐え、追い詰めたところで投げを食らった。

「詰めが甘かった」

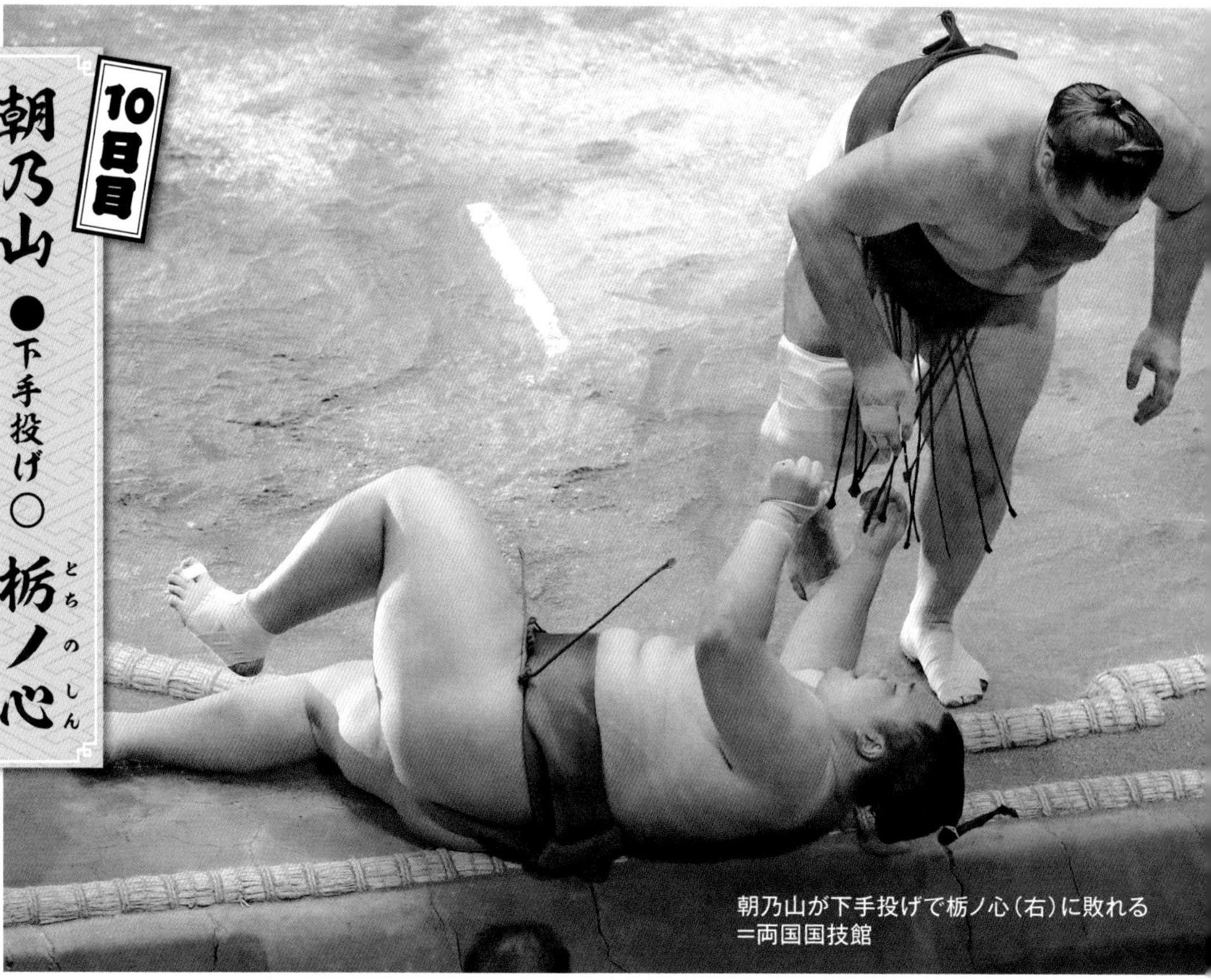

朝乃山が下手投げで栃ノ心（右）に敗れる＝両国国技館

11日目

朝乃山 ●押し出し○ 炎《えん》鵬《ほう》（西前頭5枚目）

小兵に不覚 5敗目

左にずれながら上手を取らせないよう低く来る相手を押そうとした右腕をうまくたぐられ、下に入られて一気に押し出された。

「くそー。ため息しか出ない」

炎鵬（左）にバランスを崩されて敗れる朝乃山＝両国国技館（垣地信治撮影）

12日目

朝乃山 ○寄り切り● 豪栄道《ごうえいどう》（西大関）

開き直って盤石相撲

すぐに右四つにすると、下手もつかんだ。相手の投げを耐えながら体を寄せ、じわじわと押し込んで土俵外へ運んだ。

「（まわしを）しっかり引きつけたからこそ寄り切れた。開き直るしかないと思った」

朝乃山が寄り切りで豪栄道（左）を破る＝両国国技館

13日目

朝乃山 ○寄り切り● 宝富士《たからふじ》（東前頭6枚目）

得意の形で勝ち越す

宝富士（左）を寄り切りで下し、勝ち越しを決める朝乃山＝両国国技館（垣地信治撮影）

立ち合いで右四つにすると、左上手もつかんで得意の形にした。回り込む相手に体を寄せて力強く踏み込み土俵外に運んだ。

「右四つになったからには負けられない」

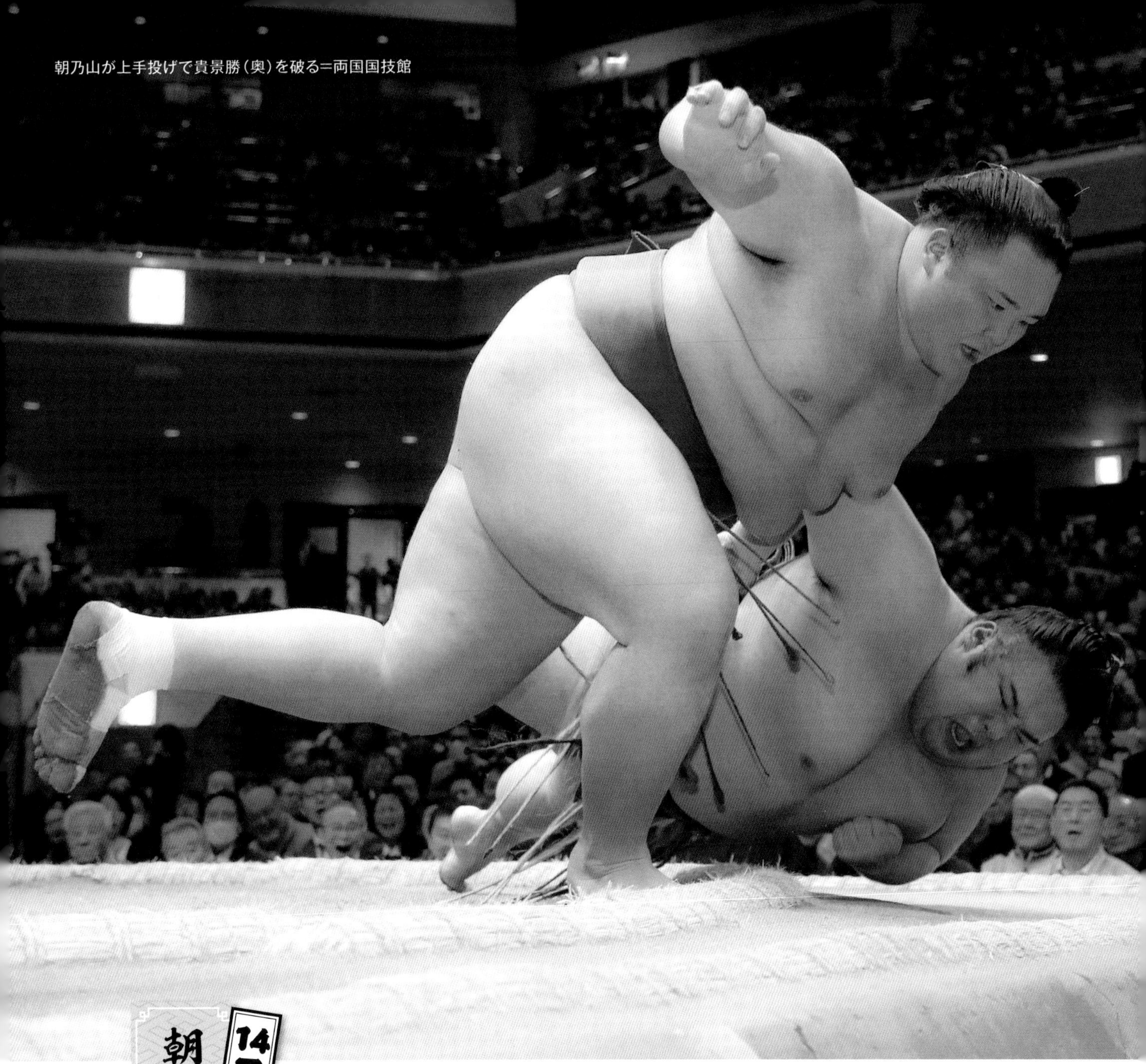

朝乃山が上手投げで貴景勝（奥）を破る＝両国国技館

14日目

朝乃山 ○上手投げ● 貴景勝《たかけいしょう》（東大関）

耐えて投げて9勝目

大関の強い押しで土俵際まで追い込まれたが、左上手をつかんでしのいだ。左からの投げを打って一度は残されたものの、2度目の投げで勝負を決めた。2桁勝利に望みをつないだ。

「気を抜かずに取り切ることが次につながる。集中して自分の相撲を取る」

浴びせ倒しで竜電（手前）を下し10勝目を挙げる
朝乃山＝両国国技館（垣地信治撮影）

千秋楽

朝乃山○浴びせ倒し●竜《りゅう》電《でん》（西前頭8枚目）

目標の2桁勝利達成

右を差し勝ち、左でおっつけながら鋭く踏み込み、相手に何もさせず土俵際で体を預けて目標の10勝目を挙げた。

「しっかり集中して思い切っていった。右を差して迷わず前に出た」

新関脇朝乃山の活躍と恩師・伊東監督への思い

新関脇として初場所前日の神事・土俵祭りに参加（右）＝2020年1月11日、両国国技館

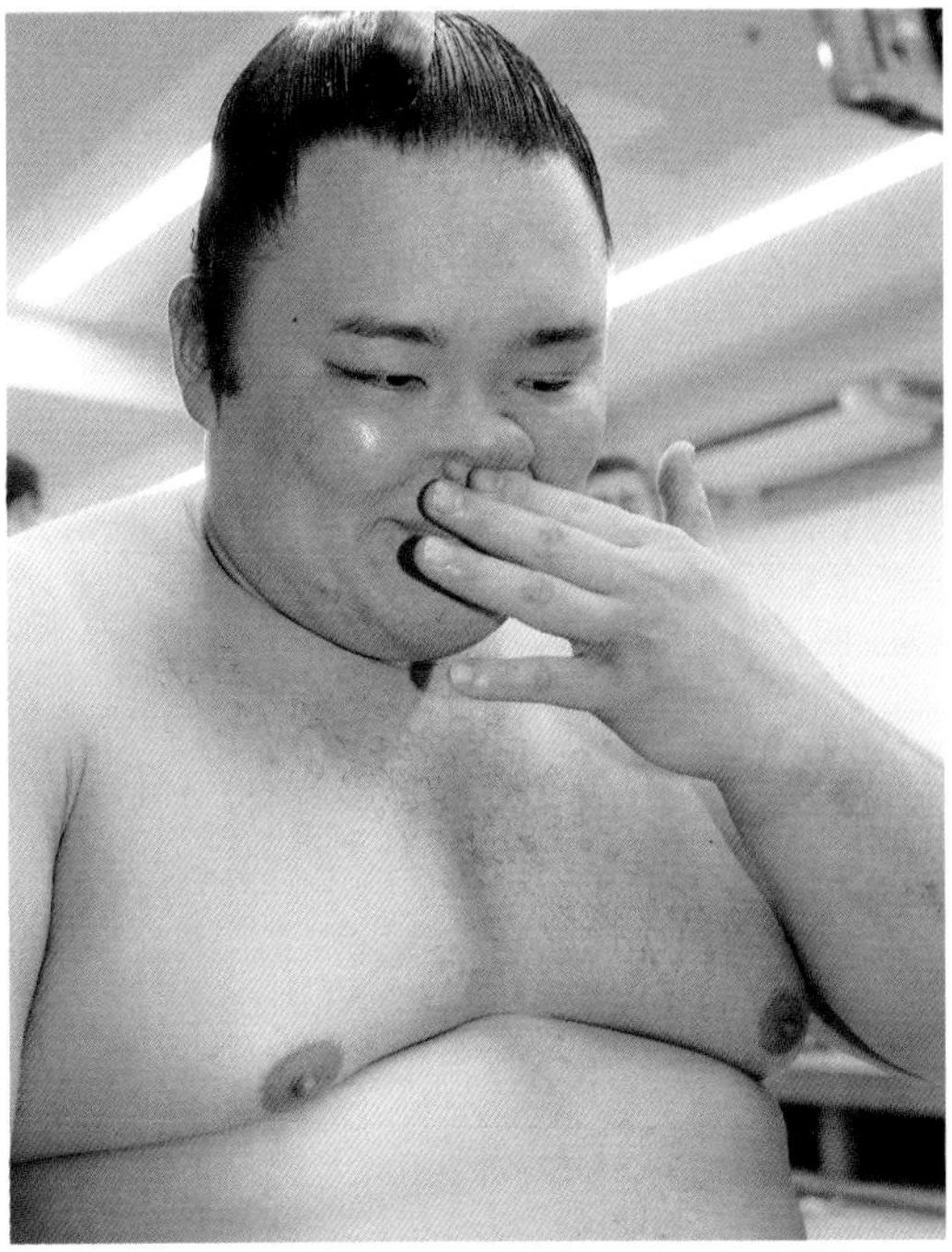

場所中に急死した近畿大相撲部時代の恩師、伊東勝人さんの訃報に涙をこらえる＝1月18日、両国国技館

千秋楽の結びの三番で勝ち「勝ち名乗り」を受ける＝1月26日、両国国技館

日本相撲協会が企画した「力士による赤ちゃん抱っこ記念撮影会」に参加する＝1月6日、両国国技館

令和2年 大相撲初場所星取表

【東】

番付	力士	部屋 年齢（出身）	成績	初	2	3	4	5	6	7	8	9	10	11	12	13	14	千
横綱	★白鵬	宮城野 34（モンゴル）	1勝3敗11休	○大栄	●遠藤	●妙義	■北富	や	や	や	や	や	や	や	や	や	や	や
大関	☆貴景勝	千賀浦 23（兵庫）	11勝4敗	○妙義	●北富	○大栄	○遠藤	○玉鷲	○御嶽	○阿炎	○隠岐	●正代	○炎鵬	○宝富	○栃心	○高安	●朝山	●徳勝
関脇	☆朝乃山	高砂 25（富山）	10勝5敗	○御嶽	○玉鷲	○隠岐	●阿炎	●遠藤	○妙義	○北富	●正代	○大栄	●栃心	●炎鵬	○豪栄	○宝富	○貴景	○竜電
小結	★阿炎	錣山 25（埼玉）	5勝10敗	●隠岐	●鶴竜	●玉鷲	○朝山	○妙義	○北富	●貴景	○豪栄	○遠藤	●高安	●御嶽	●正代	●炎鵬	●宝富	●大栄
前頭	☆遠藤	追手風 29（石川）	9勝6敗	○鶴竜	○白鵬	○豪栄	●貴景	○朝山	○高安	○玉鷲	●炎鵬	●阿炎	●御嶽	○妙義	●北富	○隠岐	●豊山	○松鳳
2	☆北勝富士	八角 27（埼玉）	11勝4敗	○豪栄	○貴景	○鶴竜	□白鵬	●正代	●阿炎	●朝山	○高安	○妙義	○大栄	○玉鷲	○遠藤	○御嶽	○輝	●豊山
3	★玉鷲	片男波 35（モンゴル）	5勝10敗	○高安	●朝山	○阿炎	●御嶽	●貴景	●豪栄	●遠藤	●大栄	●栃心	○妙義	●北富	●阿武	●志摩	○琴恵	○石浦
4	☆隠岐の海	八角 34（島根）	8勝7敗	○阿炎	●高安	●朝山	○明生	○豪栄	○大栄	○炎鵬	●貴景	●御嶽	○阿武	○栃心	●妙義	●遠藤	●隆勝	○東龍
5	★明生	立浪 24（鹿児島）	1勝7敗7休	●正代	●宝富	●炎鵬	●隠岐	○栃心	●松鳳	●阿武	■竜電	や	や	や	や	や	や	や
6	★宝富士	伊勢浜 32（青森）	7勝8敗	●炎鵬	○明生	●正代	○松鳳	●阿武	●碧山	●栃心	○佐海	○高安	○豪栄	●貴景	●大栄	●朝山	○阿炎	○志摩
7	★松鳳山	二所関 35（福岡）	7勝8敗	○栃心	●碧山	○阿武	●宝富	●炎鵬	○明生	●竜電	○千大	○隆勝	●正代	●豊山	○御嶽	●大栄	○豪栄	●遠藤
8	★碧山	春日野 33（ブルガリア）	4勝11敗	○阿武	○松鳳	●隆勝	●豊山	○竜電	○宝富	●佐海	●輝	●石浦	●照強	●徳勝	●千大	●勢	●霧馬	●高安
9	★隆の勝	千賀浦 25（千葉）	7勝8敗	○竜電	●佐海	○碧山	●石浦	●豊山	●千大	○輝	○栃心	●松鳳	○魁聖	●照強	○琴奨	●千丸	○隠岐	●勢
10	★佐田の海	境川 32（熊本）	7勝8敗	●豊山	○隆勝	○千大	●輝	●石浦	○竜電	○碧山	●宝富	○東龍	○琴奨	●千丸	●霧馬	●魁聖	●剣翔	○琴恵
11	★千代大龍	九重 31（東京）	7勝8敗	○石浦	●剣翔	●佐海	●琴奨	●輝	○隆勝	○豊山	●松鳳	●竜電	●勢	○琴恵	○碧山	○栃煌	○志摩	●魁聖
12	★剣翔	追手風 28（東京）	6勝9敗	●輝	○千大	●琴奨	○千丸	●勢	●志摩	○石浦	●栃煌	●徳勝	●霧馬	●竜電	○琴恵	●東龍	○佐海	○照強
13	★琴奨菊	佐渡嶽 35（福岡）	7勝8敗	●千丸	●照強	○剣翔	○千大	○魁聖	●東龍	○勢	●徳勝	●霧馬	●佐海	●志摩	●隆勝	○妙義	○石浦	○栃煌
14	☆照強	伊勢浜 25（兵庫）	8勝7敗	○琴恵	○琴奨	○東龍	○勢	○千丸	●徳勝	○霧馬	●豊山	●魁聖	○碧山	○隆勝	●志摩	●竜電	●栃煌	●剣翔
15	★東龍	玉ノ井 32（モンゴル）	7勝8敗	○志摩	○栃煌	●照強	○琴恵	●徳勝	○琴奨	○錦木	●千丸	●佐海	●豊山	●霧馬	●勢	○剣翔	○魁聖	●隠岐
16	☆栃煌山	春日野 32（高知）	9勝6敗	○勢	●東龍	●徳勝	○大丸	○琴恵	○霧馬	●魁聖	○剣翔	○千丸	○志摩	●輝	○豊山	●千大	○照強	●琴奨
17	☆霧馬山	陸奥 23（モンゴル）	11勝4敗	○魁聖	●琴若	○勢	●徳勝	○志摩	●栃煌	●照強	○琴恵	○琴奨	○剣翔	○東龍	○佐海	○石浦	○碧山	○千丸

優勝 徳勝龍 14勝1敗（初）

十両 照ノ富士 13勝2敗（2度目）

幕下 魁渡 7戦全勝

三段目 勇磨 7戦全勝

序二段 宇良 7戦全勝

序ノ口 二本柳 7戦全勝

三賞
殊勲 遠藤（初） 徳勝龍（初）
敢闘 正代（4度目） 霧馬山（初） 徳勝龍（初）
技能 北勝富士（2度目）

【西】

番付	力士	部屋 年齢（出身）	成績	初	2	3	4	5	6	7	8	9	10	11	12	13	14	千
横綱	★鶴竜	陸奥 34（モンゴル）	1勝4敗10休	●遠藤	○阿炎	●北富	●妙義	■御嶽	や	や	や	や	や	や	や	や	や	や
大関	★豪栄道	境川 33（大阪）	5勝10敗	●北富	●御嶽	●遠藤	○大栄	●隠岐	○玉鷲	○正代	●阿炎	●炎鵬	●宝富	○高安	●朝山	○栃心	●松鳳	●阿武
関脇	★高安	田子浦 29（茨城）	6勝9敗	●玉鷲	○隠岐	○御嶽	●正代	●大栄	●遠藤	○妙義	●北富	●宝富	○阿炎	●豪栄	●炎鵬	●貴景	○栃心	○碧山
小結	★大栄翔	追手風 26（埼玉）	7勝8敗	●白鵬	○妙義	●貴景	●豪栄	○高安	●隠岐	●御嶽	○玉鷲	●朝山	●北富	●正代	○宝富	○松鳳	○炎鵬	○阿炎
前頭	★妙義龍	境川 33（兵庫）	5勝10敗	●貴景	●大栄	○白鵬	○鶴竜	●阿炎	●朝山	●高安	○御嶽	●北富	●玉鷲	●遠藤	○隠岐	●琴奨	●阿武	○栃心
2	★御嶽海	出羽海 27（長野）	7勝8敗	●朝山	○豪栄	●高安	○玉鷲	□鶴竜	●貴景	○大栄	●妙義	○隠岐	○遠藤	○阿炎	●松鳳	●北富	●竜電	●正代
3	★琴勇輝	佐渡嶽 28（香川）	15休	や	や	や	や	や	や	や	や	や	や	や	や	や	や	や
4	☆正代	時津風 28（熊本）	13勝2敗	○明生	○炎鵬	○宝富	○高安	○北富	○栃心	●豪栄	○朝山	○貴景	○松鳳	○大栄	○阿炎	○輝	●徳勝	○御嶽
5	☆炎鵬	宮城野 25（石川）	8勝7敗	○宝富	●正代	○明生	●栃心	○松鳳	●阿武	●隠岐	○遠藤	○豪栄	●貴景	○朝山	○高安	○阿炎	●大栄	●輝
6	★栃ノ心	春日野 32（ジョージア）	5勝10敗	●松鳳	○阿武	●竜電	○炎鵬	●明生	●正代	○宝富	●隆勝	○玉鷲	○朝山	●隠岐	●貴景	●豪栄	●高安	●妙義
7	☆阿武咲	阿武松 23（青森）	9勝6敗	●碧山	●栃心	●松鳳	●竜電	○宝富	○炎鵬	○明生	○石浦	●豊山	●隠岐	○魁聖	○玉鷲	○琴恵	○妙義	○豪栄
8	☆竜電	高田川 29（山梨）	10勝5敗	●隆勝	○豊山	○栃心	○阿武	●碧山	●佐海	○松鳳	□明生	○千大	●石浦	○剣翔	○千丸	○照強	○御嶽	●朝山
9	☆豊山	時津風 26（新潟）	11勝4敗	○佐海	●竜電	○石浦	○碧山	○隆勝	○輝	●千大	○照強	○阿武	○東龍	○松鳳	●栃煌	●徳勝	○遠藤	○北富
10	★石浦	宮城野 30（鳥取）	6勝9敗	●千大	●輝	●豊山	○隆勝	○佐海	●千丸	●剣翔	●阿武	○碧山	○竜電	○勢	○魁聖	●霧馬	●琴奨	●玉鷲
11	☆輝	高田川 25（石川）	10勝5敗	○剣翔	○石浦	○千丸	○佐海	○千大	●豊山	●隆勝	○碧山	○志摩	○琴恵	○栃煌	●徳勝	●正代	●北富	○炎鵬
12	★千代丸	九重 28（鹿児島）	6勝9敗	○琴奨	●琴恵	●輝	●剣翔	●照強	○石浦	○志摩	○東龍	●栃煌	●徳勝	○佐海	●竜電	○隆勝	●勢	●霧馬
13	★琴恵光	佐渡嶽 28（宮崎）	2勝13敗	●照強	○千丸	○志摩	●東龍	●栃煌	●魁聖	●徳勝	●霧馬	●勢	●輝	●千大	●剣翔	●阿武	●玉鷲	●佐海
14	★志摩ノ海	木瀬 30（三重）	6勝9敗	●東龍	○勢	●琴恵	○魁聖	●霧馬	○剣翔	●千丸	●水龍	●輝	●栃煌	○琴奨	○照強	○玉鷲	●千大	●宝富
15	☆勢	伊勢海 33（大阪）	8勝7敗	●栃煌	●志摩	●霧馬	●照強	○剣翔	○木海	●琴奨	●魁聖	○琴恵	○千大	●石浦	○東龍	○碧山	○千丸	○隆勝
16	☆魁聖	友綱 33（ブラジル）	8勝7敗	●霧馬	○徳勝	○英海	●志摩	●琴奨	○琴恵	○栃煌	○勢	○照強	●隆勝	●阿武	●石浦	○佐海	●東龍	○千大
17	☆徳勝龍	木瀬 33（奈良）	14勝1敗	○千翔	●魁聖	○栃煌	○霧馬	○東龍	○照強	○琴恵	○琴奨	○剣翔	○千丸	○碧山	○輝	○豊山	○正代	○貴景

○＝勝ち　●＝負け　□＝不戦勝　■＝不戦敗　や＝休場　☆＝勝ち越し　★＝負け越し　部屋名の次の数字は年齢

2020年大相撲初場所星取表

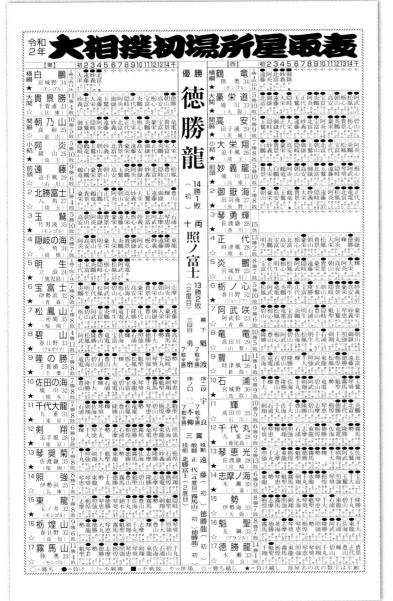

大関へ王手

新関脇 ピンチからの2桁勝利
「昇進意識せず 1日1番に集中」

本文は「ティーズシーン」2020年3・4月号からの再録です

川渕恭司（ビジネス開発室）

初場所前、T'SCENEの取材に「2桁勝つ。じゃないと意味がない」と語っていた朝乃山。千秋楽から一夜明け、有言実行の10勝5敗に「目標だったので、とりあえずほっとしている」と安堵の表情を見せた。

白鵬《はくほう》（宮城野部屋）、鶴竜《かくりゅう》（陸奥部屋）の2横綱が途中休場する中、初場所を制したのは、西前頭17枚目の徳勝龍《とくしょうりゅう》（木瀬部屋）だった。14勝1敗の成績で幕尻からの優勝は20年ぶり。朝乃山にとっては近畿大の先輩で「先輩の優勝はうれしい。でも、ほかの力士に優勝を許して悔しい」と語る。新関脇としての重圧は「特になかった」と言うが「横綱がいないチャンスの場所で優勝争いに入れなかった」と役力士らしい反省を口にした。

大関の脇を固める関脇の地位は、番付下の力士の挑戦を受ける立場。後半に横綱、大関との対戦が組まれるため、前半の取りこぼしは致命傷となる。朝乃山は初日から3連勝の後、2連敗を喫するなど中盤以降、思うように勝ち星を伸ばせなかった。

10日目に4敗となり、優勝の可能性が消滅。11日目に5敗目を喫し、2桁には残り4日間を全勝するしかない「絶体絶命」のピンチに追い込まれた。9勝6敗や8勝7敗の最低限の勝ち越しでは大関とりは振り出しに戻ってしまう。「開き直るしかない。切り替えていこうと思った」と土俵に上がった。

5敗から執念の4連勝
左上手で2大関破る

「背水の陣」で臨んだ12日目は大関豪栄道《ごうえいどう》（境川部屋）が相手だった。豪栄道はこの一番に負けると、負け越しが決まり、関脇に陥落する。朝乃山は「当然頭にあった。でも、自分も負けられない」。立ち合い、豪栄道の形になるも、強引に左上手を取り、最後は胸を合わせて寄り切った。朝乃山の力勝ちだった。

豪栄道は春場所で10勝すれば大関に復帰できたが、初場所後、潔く現役を引退し、年寄「武隈《たけくま》」を襲名した。朝乃山が引導を渡した形で、大関と大関候補の世代交代を印象付ける一番となった。

13日目は近畿大の先輩、宝富士《たからふじ》（東前頭6枚目、伊勢ケ浜部屋）を寄り切り、14日目は大関貴景勝《たかけいしょう》（千賀ノ浦部屋）との大一番が組まれた。貴景勝もこの一番に負けると3敗となり、逆転優勝の可能性が消える。どちらも負けられない意地と意地のぶつかり合いだった。

朝乃山は貴景勝に土俵際まで押されるが、引かずに残し、必殺の左上手をつかんだ。一度は投げをこらえる相手に「投げは続けて打て」の定石通り、二度目の上手投げで転がした。「左上手がすべて。取れなかったら負けていた。勝ちたい気持ちが相撲に出た」と朝乃山。力と力の真っ向勝負に国技館が大歓声に包まれた。この日は令和初の天覧相撲。天皇皇后両陛下と愛子さまが観戦され「いい一番ですね」とお言葉があったという。

朝乃山の四つ相撲と貴景勝の突き押し相撲。負けた貴景勝が悔しそうに唇をかむ姿が印象的だった。今後、何度となく繰り広げられるであろう次代のライバル対決に、朝乃山は「今回は四つ相撲が勝った。貴景勝に負けないくらい闘争心を燃やしていきたい」と力強く語った。

3連勝と勢いに乗り、千秋楽も、竜電《りゅうでん》（西前頭8枚目、高田川部屋）を気迫の浴びせ倒しで破り、目標の10勝目を挙げた。「勝っても負けても次の場所につながる相撲が取りたかった。この4連勝を自信に変えたい」。「ここ一番」に勝つ執念は上を目指すためには不可欠だ。後がない状況でも、簡単にあきらめない精神面の成長を感じさせた。

場所中に恩師が急逝
天国へ白星ささげる

激闘を繰り広げながらも、気持ちは晴れなかった。1月18日未明、近畿大相撲部監督の伊東勝人さんが55歳の若さで亡くなった。朝乃山は近畿大の同級生で同じ高砂部屋の朝玉勢《あさぎょくせい》（東十両12枚目）と都内の病院に駆け付けた。監督の顔を見て「ショックというか…。気持ちに頭が追い付かなかった」と言う。

伊東監督との出会いは富山商業高校3年生の時。熱心に勧誘され、進学を決めた。大学時代は、相撲だけでなく、私生活やあいさつ、礼儀、上下関係、人との付き合い方などすべてを教わった。

伊東監督からは連敗した5日目の夜に連絡があり「お前は切り替えるのがうまい。チャレンジ精神でいけ」とアドバイスをもらった。これが最後のやりとりとなった。

悲しみをこらえ、7日目は北勝富士《ほくとふじ》（東前頭2枚目、八角部屋）と対戦。当たり鋭く右を差すと、一気に出て寄り切った。「いつまでも気にしていたら駄目。監督のことは頭から離し、前に攻める相撲を取った」。四つ相撲を磨いてくれた伊東監督にささげる白星だった。

朝乃山は2017年初場所で幕下優勝し、十両昇進を決めた翌日、富山商時代の恩師・浦山英樹さん（享年40歳）も亡くしている。

伊東監督は「相撲を離れたら優しい人」、浦山監督は「怖くて、厳しい人」とタイプの異なる恩師に、才能を見いだされ、鍛えてもらって今がある。

「2人には天国から一緒に見守ってほしい。白星をささげるだけでなく、それ以上を目指す。上の番付や優勝で恩返しできれば、天国の2人も喜んでくれるのではないか」

悲しみを胸にしまい、一回りも二回りも強くなる。朝乃山は2人の恩師と共に土俵で戦っていく。

「横綱大関」38年ぶり 28勝で昇進の事例も

春場所は、横綱が大関を兼ねる「横綱大関」が38年ぶりに番付表に載る。1982年初場所の西横綱北《きた》の湖《うみ》以来のケースで、この時は琴風《ことかぜ》が1人大関だった。春場所は貴景勝が1人大関となるため、西横綱に就く白鵬か鶴竜が大関を兼ねる。

江戸時代から小結、関脇、大関の三役力士は欠かせない。平幕の成績優秀者から上げることができる小結、関脇と異なり、大関は昇進条件がある。三役の中でも特別な地位と言われるゆえんだ。

それだけ重みのある大関も、直近では4場所連続で陥落が続いている。2019年秋場所は貴景勝（1場所で復帰）、九州場所は栃ノ心《とちのしん》（春日野部屋）、初場所は高安《たかやす》（田子ノ浦部屋）、春場所は豪栄道（引退）と毎場所ごとに陥落があり、世代交代は待ったなしとなっている。

「早く大関を2人にしたい」という相撲協会の思惑もあってか、勝ち星よりも、将来性を買われて大関に昇進したケースは少なくない。第52代横綱北《きた》の富士《ふじ》が1966年7月場所後に大関に昇進した際、直近3場所は東関脇で計28勝だった。当時、豊山《ゆたかやま》の1人大関という事情があった。

朝乃山は、新小結の九州場所で11勝、新関脇の初場所で10勝。春場所で12勝すれば、昇進目安の三役で33勝に届くが、第72代横綱稀勢《きせ》の里《さと》の荒磯《あらいそ》親方は「10勝でも大関に上がる可能性は十分ある」と指摘する。星数はもちろん必要だが、横綱を倒し、優勝争いに絡むといった大関候補にふさわしい内容が求められるとみている。

横綱、大関戦がカギ 炎鵬にリベンジする

幕尻力士が優勝する「史上最大の下剋上」でスタートした2020年の大相撲。共に35歳となる両横綱の衰えは隠せず、上位陣の顔触れが大きく変わる激動の1年となりそうだ。上位陣が下位力士に負ける波乱が多い「荒れる春場所」は、3月1日に26歳になった朝乃山の大関とりが最大の見どころとなる。

朝乃山が大関になれば、富山県出身としては後の22代横綱太刀山《たちやま》が1909年6月場所で新大関になって以来の快挙だ。太刀山は朝乃山が生まれ育った富山市呉羽地域の英雄でもある。

関脇に昇進した大相撲初場所の番付表を手に「率直にうれしい」と語る朝乃山＝2019年12月24日 高砂部屋

朝乃山は大関とりについて「意識すると硬くなり、自分の相撲が取れなくなる。チャンスはまだまだ巡ってくる」と冷静だが「大阪はご当所のようなもの。お世話になった皆さんの期待に応えたい。頑張りたい」と、2桁勝利以上を目指して得意のはにかんだ笑顔で答えてくれた。

春場所は、後半に組まれる横綱、大関戦がカギを握る。前半は初場所で敗れた三役経験者の阿炎《あび》（東小結、錣山部屋）や遠藤《えんどう》（東前頭筆頭、追手風部屋）、正代《しょうだい》（西前頭4枚目、時津風部屋）、栃ノ心との対戦がありそうだが、取りこぼしは許されない。小兵力士として人気の炎鵬《えんほう》（西前頭5枚目、宮城野部屋）を「土俵の魔術師」と評し「次はどっしりと構えていく」とリベンジに燃える。

大関とりの場所が、亡くなった恩師と過ごした大阪での春場所ということも偶然ではないだろう。「大関不在」というチャンスを追い風に、恩師直伝の必殺技「右四つ左上手」に磨きをかけ、一気に階段を駆け上がる。朝乃山には大関になる必然がある。

2019年
九州場所
西小結

11月に福岡国際センターで行われた大相撲九州場所。朝乃山は新三役になっても「前へ出る相撲」に磨きをかけ、10日目には早くも勝ち越しを果たした。中盤までは横綱白鵬《はくほう》を「1差」で追いかけ、優勝争いの一角に食い込む活躍を見せた。この場所を11勝4敗で終え、年間55勝で年間最多勝に輝いた。大関とりの筆頭候補として名乗りを上げた場所になったといえよう。

初日

朝乃山（西小結）□不戦勝■鶴《かく》竜《りゅう》（東横綱）

「協会あいさつ」初経験

取組はなかったが、三役以上の力士が土俵に上がる「協会あいさつ」を初めて経験した。

「あそこに立てるのは看板力士であることを改めて感じた」

協会あいさつに並ぶ朝乃山（左から3人目）＝福岡国際センター

上手出し投げで貴景勝（右）を破る朝乃山
＝福岡国際センター

2日目

朝乃山○上手出し投げ●貴景勝《たかけいしょう》（東大関）

新小結 硬さと無縁

立ち合いは2度合わず、3度目にようやく立った。当たった直後に相手が左に動いていなそうとした瞬間、踏み込んで得意の右を差して土俵際に追い詰め、押し返そうとする相手を土俵にはわせた。

「初取組の緊張感がある中で、自分の相撲を取れた」

朝乃山が立ち合いで白鵬（右）の張り手を受ける＝福岡国際センター

3日目

朝乃山　●すくい投げ○　白《はく》鵬《ほう》（西横綱）

強烈張り手に初黒星

　思い切り踏み出したが、素早く動いた横綱から強力な右張り手を浴びせられた。顔が横を向き、動きが遅れてもろ差しを許して投げられた。

「張り差しにも対応できるようにならないと」

4日目

朝乃山 ○寄り切り● 妙義龍《みょうぎりゅう》（東前頭2枚目）

盤石の寄り 3勝目

当たった瞬間、右を差して十分の右四つになり、土俵際では左上手を取って反撃を許さず寄り切った。立ち合いで勝利をほぼ手中に収めた取り口だった。

「きのう（白鵬戦）力を出せなかった分も思い切り前に出られた。連敗しなかったのは大きい」

朝乃山が寄り切りで妙義龍（右）を下す＝福岡国際センター

5日目

朝乃山 ○寄り切り● 北勝富士《ほくとふじ》（東小結）

一気に寄り切り快勝

左足を速く大きく踏み出し、相手の右腕が伸び切る前に当たって突き押しを封じ、そのまま一気に寄り切った。

「体がしっかり動いてる」

朝乃山が寄り切りで北勝富士（手前）を破る＝福岡国際センター

遠藤（左）が下手投げで朝乃山を破る＝福岡国際センター

6日目

朝乃山●下手投げ○遠《えん》藤《どう》（西小結）

土俵際 反撃に屈する

土俵際まで押し込んだが、瞬時に巻き替えられもろ差しを許した。上体が伸びたところを右からすくわれた。

「相撲人生は長いですから。自分に活を入れる」

7日目

朝乃山 ○寄り切り● 隠岐《おき》の海《うみ》（西前頭筆頭）

投げしのぎ寄り切る

立ち合いから鋭く踏み込み、素早く左上手を引いてそのまま前に。右に逃れて巻き替えようとする相手を右からおっつけて攻めた。下手投げをしのぐと一気に寄り立てた。

「自信が付いてきている。（新三役の）空気にも慣れてきた」

朝乃山が寄り切りで隠岐の海（手前）を下す＝福岡国際センター

朝乃山が押し出しで阿炎（左）を破る＝福岡国際センター

十日

朝乃山 ○押し出し● 阿《あ》炎《び》（東小結）

小結対決を制す

立ち合いから喉輪を交えた激しい突っ張りを受けたが、のけぞることなく前に出た。左上手をつかむと、引いて逃げる相手を勢いに任せて押し出した。

「（後半戦は）きょうみたいに体を動かして前に出る相撲を取っていく」

朝乃山がはたき込みで大栄翔（左）を下す＝福岡国際センター

9日目

朝乃山 ○はたき込み● 大栄翔《だいえいしょう》（東前頭筆頭）

勝ち越しに王手

立ち合いで相手の突き押しを組み止めると、右から強烈におっつけた。相手の押しにも決して体を引かず、バランスを崩した相手をタイミング良くはたいて沈めた。

「緊張感の中、自分の相撲が取れている。どっしり腰を構えていきたい」

新三役で勝ち越し

10日目
朝乃山 ○寄り切り● 明《めい》生《せい》
（西前頭2枚目）

朝乃山が寄り切りで明生（左）を下す＝福岡国際センター

けんか四つの相手に対して立ち合いで右を差し勝ち、同時に左上手もがっちり引き付けた。相手に何もさせず、一息に寄った。

「体を生かした前に出る相撲を心掛けている。こういう相撲を自信にしていきたい」

11日目

朝乃山 ○寄り切り● 宝富士《たからふじ》（東前頭3枚目）

宝富士（左）を攻める朝乃山＝福岡国際センター

首位白鵬を1差で追走

低く当たってきた相手の体勢を右かち上げで起こし、すぐに右を差して前進。左からおっつけながら踏み込み、一気に寄り切った。

「明日も白星を積めるよう自分の相撲を取るだけ」

12日目

朝乃山 ●寄り切り○ 御嶽海《みたけうみ》（東関脇）

痛い3敗 連勝止まる

すぐに左上手は取ったものの、右を差せずにもろ差しを許した。一気に押し込まれ土俵を割った。

「明日からも思い切って相撲を取っていく」

朝乃山が寄り切りで御嶽海（右）に敗れる＝福岡国際センター

朝乃山が押し出しで琴勇輝（手前）を破る
＝福岡国際センター

13日目

朝乃山 ○押し出し● 琴勇輝《ことゆうき》（西前頭4枚目）

年間最多勝が確定

相手の突きをこらえると、まわしにこだわらず押し返し一気に土俵の外に運んだ。この勝利が今年54勝目になり2位の小結阿炎と2差になったため、初の年間最多勝が確定した。

「自分から攻めて落ち着いて取ることができた」

竜電（手前）を寄り切りで下す朝乃山
＝福岡国際センター

14日目

朝乃山 ○寄り切り● 竜《りゅう》電《でん》（西前頭5枚目）

押し込まれるも慌てず

立ち合いで右を差すと圧力をかけながら左上手もつかんだ。相手に下手で振られるも慌てず、土俵際で投げを打って体勢を入れ替え、そのまま寄り切った。

「千秋楽も悔いのないよう取り切りたい」

朝乃山が寄り切りで正代(手前)に敗れる
＝福岡国際センター

千秋楽

朝乃山 ●寄り切り○ 正《しょう》代《だい》（西前頭10枚目）

初の技能賞獲得

立ち合いがやや腰高になり、左上手を取れないまま押し込まれ寄り切られた。取組前の三賞選考委員会で委員21人の満票で初の技能賞を獲得した。

「来年も充実した一年にしたい。そのための稽古をしっかりしないと」

令和元年 大相撲九州場所星取表

【東】

地位	力士	部屋・年齢（出身）	成績	初	2	3	4	5	6	7	8	9	10	11	12	13	14	千
横綱 ★	鶴竜	陸奥 34（モンゴル）	0勝1敗14休	朝山	や	や	や	や	や	や	や	や	や	や	や	や	や	や
大関 ★	豪栄道	境川 33（大阪）	0勝2敗13休	遠藤	隠岐	や	や	や	や	や	や	や	や	や	や	や	や	や
大関 ☆	貴景勝	千賀浦 23（兵庫）	9勝6敗	隠岐	朝山	大栄	遠藤	宝富	玉鷲	妙義	明生	北富	琴勇	碧山	竜電	御嶽	阿炎	白鵬
関脇 ★	御嶽海	出羽海 26（長野）	6勝9敗	妙義	北富	明生	大栄	隠岐	宝富	琴勇	碧山	玉鷲	竜電	遠藤	朝山	貴景	白鵬	阿炎
小結 ☆	阿炎	錣山 25（埼玉）	9勝6敗	宝富	高安	妙義	明生	遠藤	大栄	碧山	朝山	竜電	北富	隠岐	玉鷲	白鵬	貴景	御嶽
小結 ★	北勝富士	八角 27（埼玉）	7勝8敗	白鵬	御嶽	宝富	高安	朝山	琴勇	大栄	遠藤	貴景	阿炎	妙義	明生	玉鷲	碧山	竜電
前頭 ☆	大栄翔	追手風 26（埼玉）	8勝7敗	高安	白鵬	貴景	御嶽	栃心	阿炎	北富	隠岐	朝山	玉鷲	明生	琴勇	妙義	阿武	炎鵬
2 ☆	妙義龍	境川 33（兵庫）	8勝7敗	御嶽	栃心	阿炎	朝山	白鵬	高安	貴景	琴勇	明生	遠藤	北富	隠岐	大栄	正代	阿武
3 ★	宝富士	伊勢浜 32（青森）	6勝9敗	阿炎	玉鷲	北富	栃心	貴景	御嶽	白鵬	高安	碧山	隠岐	朝山	琴恵	遠藤	千丸	明生
4 ☆	玉鷲	片男波 35（モンゴル）	8勝7敗	友風	宝富	琴勇	碧山	竜電	貴景	高安	白鵬	御嶽	大栄	阿武	阿炎	北富	遠藤	佐海
5 ★	碧山	春日野 33（ブルガリア）	6勝9敗	琴勇	阿武	友風	玉鷲	炎鵬	隠岐	阿炎	御嶽	宝富	白鵬	貴景	剣翔	竜電	北富	琴奨
6 ★	阿武咲	阿武松 23（青森）	7勝8敗	竜電	碧山	炎鵬	剣翔	琴勇	佐海	明生	琴恵	松鳳	琴奨	玉鷲	豊山	隆勝	大栄	妙義
7 ★	剣翔	追手風 28（東京）	6勝9敗	炎鵬	松鳳	竜電	阿武	琴恵	琴奨	豊山	佐海	千丸	石浦	輝	碧山	千大	錦木	照強
8 ☆	松鳳山	二所関 35（福岡）	8勝7敗	琴恵	剣翔	佐海	琴奨	豊山	炎鵬	正代	竜電	阿武	千大	隆勝	志摩	千丸	明生	輝
9 ★	琴奨菊	佐渡嶽 35（福岡）	6勝9敗	佐海	豊山	志摩	松鳳	正代	剣翔	千丸	輝	炎鵬	阿武	千大	錦木	石浦	大丸	碧山
10 ★	志摩ノ海	木瀬 30（三重）	6勝9敗	豊山	石浦	琴奨	正代	佐海	照強	琴恵	千大	輝	翔鵬	大丸	松鳳	錦木	隆勝	千丸
11 ☆	石浦	宮城野 29（鳥取）	9勝6敗	正代	志摩	千大	隆勝	千丸	豊山	大丸	錦木	照強	剣翔	琴恵	輝	琴奨	佐海	翔鵬
12 ★	逸ノ城	湊 26（モンゴル）	15休	や	や	や	や	や	や	や	や	や	や	や	や	や	や	や
13 ☆	千代丸	九重 28（鹿児島）	9勝6敗	輝	照強	錦木	大丸	石浦	正代	琴奨	翔鵬	剣翔	炎鵬	豊山	佐海	松鳳	宝富	志摩
14 ☆	照強	伊勢浜 24（兵庫）	8勝7敗	錦木	千丸	翔鵬	若景	大丸	志摩	隆勝	正代	石浦	輝	勢	千大	琴恵	炎鵬	剣翔
15 ★	大翔丸	追手風 28（大阪）	5勝10敗	若景	錦木	輝	千丸	照強	千大	石浦	隆勝	栃煌	豊山	志摩	正代	東龍	琴奨	琴恵
16 ★	若隆景	荒汐 24（福島）	4勝1敗10休	大丸	翔鵬	徳勝	照強	輝	や	や	や	や	や	や	や	や	や	や

優勝 白鵬 14勝1敗（43度目）

十両 東龍 11勝4敗（初）

幕下 照ノ富士 7戦全勝

三段目 元林 7戦全勝

序二段 北天海 7戦全勝

序ノ口 土佐緑 6勝1敗

三賞 殊勲 大栄翔（初） 敢闘 正代（3度目） 技能 朝乃山（初）

○＝勝ち ●＝負け ■＝不戦敗 □＝不戦勝 ☆＝勝ち越し ★＝負け越し や＝休場 部屋名の次の数字は年齢

【西】

地位	力士	部屋・年齢（出身）	成績	初	2	3	4	5	6	7	8	9	10	11	12	13	14	千
横綱 ☆	白鵬	宮城野 34（モンゴル）	14勝1敗	北富	大栄	朝山	隠岐	妙義	明生	宝富	玉鷲	琴勇	碧山	竜電	遠藤	阿炎	御嶽	貴景
大関 ★	高安	田子浦 29（茨城）	3勝5敗7休	大栄	阿炎	隠岐	北富	明生	妙義	玉鷲	宝富	や	や	や	や	や	や	や
関脇 ★	栃ノ心	春日野 32（ジョージア）	2勝3敗10休	明生	妙義	遠藤	宝富	大栄	や	や	や	や	や	や	や	や	や	や
小結 ★	遠藤	追手風 29（石川）	7勝8敗	豪栄	明生	栃心	貴景	阿炎	朝山	竜電	北富	隠岐	妙義	御嶽	白鵬	宝富	玉鷲	琴勇
小結 ☆	朝乃山	高砂 25（富山）	11勝4敗	鶴竜	貴景	白鵬	妙義	北富	遠藤	隠岐	阿炎	大栄	明生	宝富	御嶽	琴勇	竜電	正代
前頭 ★	隠岐の海	八角 34（島根）	6勝9敗	貴景	豪栄	高安	白鵬	御嶽	碧山	朝山	大栄	遠藤	宝富	阿炎	妙義	明生	琴勇	隆勝
2 ★	明生	立浪 24（鹿児島）	6勝9敗	栃心	遠藤	御嶽	阿炎	高安	白鵬	阿武	貴景	妙義	朝山	大栄	北富	隠岐	松鳳	宝富
3 ★	友風	尾車 24（神奈川）	0勝3敗12休	玉鷲	琴勇	碧山	や	や	や	や	や	や	や	や	や	や	や	や
4 ☆	琴勇輝	佐渡嶽 28（香川）	8勝7敗	碧山	友風	玉鷲	竜電	阿武	北富	御嶽	妙義	白鵬	貴景	錦木	大栄	朝山	隠岐	遠藤
5 ★	竜電	高田川 29（山梨）	6勝9敗	阿武	炎鵬	剣翔	琴勇	玉鷲	琴恵	遠藤	松鳳	阿炎	御嶽	白鵬	貴景	碧山	朝山	北富
6 ☆	炎鵬	宮城野 25（石川）	8勝7敗	剣翔	竜電	阿武	琴恵	碧山	松鳳	佐海	豊山	琴奨	千丸	翔鵬	隆勝	正代	照強	大栄
7 ★	琴恵光	佐渡嶽 28（宮崎）	5勝10敗	松鳳	佐海	豊山	炎鵬	剣翔	竜電	志摩	阿武	錦木	正代	石浦	宝富	照強	千大	大丸
8 ★	佐田の海	境川 32（熊本）	7勝8敗	琴奨	琴恵	松鳳	豊山	志摩	阿武	炎鵬	剣翔	千大	隆勝	正代	千丸	輝	石浦	玉鷲
9 ☆	豊山	時津風 26（新潟）	8勝7敗	志摩	琴奨	琴恵	佐海	松鳳	石浦	剣翔	炎鵬	隆勝	大丸	千丸	阿武	翔鵬	輝	千大
10 ☆	正代	時津風 28（熊本）	11勝4敗	石浦	千大	隆勝	志摩	琴奨	千丸	松鳳	照強	翔鵬	琴恵	佐海	大丸	炎鵬	妙義	朝山
11 ☆	千代大龍	九重 31（東京）	9勝6敗	隆勝	正代	石浦	輝	錦木	大丸	翔鵬	志摩	佐海	松鳳	琴奨	照強	剣翔	琴恵	豊山
12 ☆	隆の勝	千賀浦 25（千葉）	10勝5敗	千大	輝	正代	石浦	翔鵬	錦木	照強	大丸	豊山	佐海	松鳳	炎鵬	阿武	志摩	隠岐
13 ☆	輝	高田川 25（石川）	10勝5敗	千丸	隆勝	大丸	千大	若景	翔鵬	錦木	琴奨	志摩	照強	剣翔	石浦	佐海	豊山	松鳳
14 ★	錦木	伊勢海 29（岩手）	4勝11敗	照強	大丸	千丸	翔鵬	千大	隆勝	輝	石浦	琴恵	矢後	琴勇	琴奨	志摩	剣翔	大奄
15 ★	大翔鵬	追手風 25（モンゴル）	3勝12敗	東龍	若景	照強	錦木	隆勝	輝	千大	千丸	正代	志摩	炎鵬	矢後	豊山	千翔	石浦

2019年大相撲九州場所星取表

新小結で11勝 年間最多勝「2桁勝つ。じゃないと意味がない」

本文は「ティーズシーン」2020年1・2月号からの再録です

川渕恭司（ビジネス開発室）

千秋楽から一夜明け、高砂部屋九州場所宿舎の成道寺（福岡市中央区）に朝乃山を訪ねた。今年最後の15日間を納得の成績で締めくくり、表情には心地よい疲れと充実感がにじんでいた。

横綱、大関が相次いで途中休場する中、新小結ながら終盤まで優勝争いを盛り上げ、三役としての存在感を十分に発揮した。朝乃山は「新小結なので上位陣に跳ね返されると思っていた。勝ち越しが目標だったので、2桁勝利できるとは思ってもいなかった」と笑顔を見せた。

9月の秋場所では西前頭2枚目で10勝5敗の成績を残し、新三役の有力候補となった。だが、小結2人の枠が空かず、前頭筆頭に据え置かれる予想もあった。特例的に枠が広がり、阿炎《あびえ》、遠藤《えんどう》、北勝富士《ほくとふじ》と並ぶ4小結は、2006年九州場所（稀勢の里《きせのさと》、黒海《こっかい》、安美錦《あみにしき》、露鵬《ろほう》）以来13年ぶりとなった。

今年の目標は「三役昇進」。有言実行の朝乃山は「昨年からの目標だった。遅くなったが、達成できてうれしい」と素直に喜ぶ。日本相撲協会の「顔」として、初日と千秋楽の「協会ごあいさつ」では、横綱らと共に土俵に上がった。初めての所作に戸惑う場面もあったが「あの場に立って三役になったことを実感した」と話す。

立場だけではない。相撲内容も一回りも二回りも成長した。今場所は下半身の強化が実を結び、左足からの踏み込みに強さとスピードが加わった。相手の左まわしを取り、自分得意の右四つになる流れが評価され、初の技能賞を手にした。朝乃山は「受賞はうれしいが、自分の中ではまだまだ。当たってすぐに左上手を取り、前に出ながら自分の形をつくるのが理想。もっと稽古して、右四つを磨いていきたい」と、さらなる進化を誓った。

白鵬から強烈張り手「何もできず」完敗

初日は結びで先場所、金星を挙げている横綱鶴竜《かくりゅう》（陸奥部屋）と対戦する予定だった。しかし、鶴竜が当日の朝稽古で腰を痛め、急きょ休場となり、初の不戦勝を経験した。

前日の不戦勝にも「気持ちを切らさずに臨んだ」という2日目は、大関復帰の貴景勝《たかけいしょう》（千賀ノ浦部屋）との一番。突き押しに屈し、3連敗中の相手だった。立ち合いで貴景勝が2度つっかけるも、朝乃山は動じない。3度目で成立。立ち合いでわずかに後れた大関を鋭い出足ではじき飛ばすと、左からのいなしにも右を差し、土俵際まで押し込んだ。「本当は寄り切りがいいが、うまく体が反応してくれた」と、相手の体重が乗って前に出てきたところを、上手出し投げて腹ばいにした。3学年下の大関から昨年夏場所以来、1年半ぶりの勝利を挙げた。

初日から2連勝とし、3日目は結びで横綱白鵬《はくほう》（宮城野部屋）と2度目の対戦となった。7月の名古屋場所では同じ右四つの横綱に上手投げで完敗している。注目の立ち合い。横綱は右から張って左を差し、一気に土俵際に追い詰めてすくい投げ。本来とは逆の左四つで攻めた「考えた相撲」に、朝乃山は「何もできなかった。当たって右四つに組めたらと思っていたが。まだまだ甘い」。支度部屋では何度も「くそー」と悔しさをぶつけた。

横綱戦の悔しさを晴らすかのように、4日目は妙義龍《みょうぎりゅう》（東前頭2枚目、境川部屋）を盤石の相撲で寄り切った。5日目は分が悪い押し相撲の北勝富士（八角部屋）との小結対決。すぐに右を差し、左はおっつけて一気に走って寄り切った。まわしにこだわらない取り口で、新小結の序盤を4勝1敗で乗り切った。

全勝がいない混戦の中、6日目は同じ小結の遠藤（追手風部屋）と対戦。朝乃山は得意の右を差して前に出たが、左おっつけから巻き替えられ、もろ差しを許した。攻めようと出たところをうまく下手投げで転がされた。「相手の方が腰一つ低い。うまさがある力士を攻略しないと、上へはいけない」と、負けて学んだ相撲だった。

突き押し対策に成果 10日目で勝ち越し

7日目からは5連勝と波に乗った。隠岐《おき》の海《うみ》（西前頭筆頭、八角部屋）を難なく寄り切り、8日目は同じく小結の阿炎（錣山部屋）の強烈な突っ張りにも動じず、押し出して完勝した。年間最多勝で並んでいた阿炎との直接対決を制し、単独トップとなる50勝に一番乗りした。

朝乃山の進化を感じさせたのが9日目の大栄翔《だいえいしょう》（東前頭筆頭、追手風部屋）との一番だった。重い突き押しで、過去7連敗中と極端に分が悪い相手に対し、朝乃山は鋭い立ち合いで圧力負けせず、右をねじ込み、相手が崩れたのを見逃さずにはたき込んだ。

苦手な突き押し相撲への対策は朝乃山の課題だった。名古屋場所は全8敗のうち5敗、秋場所は全5敗のうち3敗が突き押しが強い相手。体の大きい朝乃山は面積が大きい分、圧力を受けやすい。顎が上がり、慌てて前に出たところをはたき込まれるケースが多かった。

秋巡業や場所前の出羽海、尾車、時津風の各部屋への出稽古で、突き押し相撲の御嶽海《みたけうみ》、友風《ともかぜ》、北勝富士らを稽古相手に求めた。師匠の高砂親方（元大関朝潮）からも「顎を上げず、背中を丸めて」と指導を受け、立ち合いで負けないよう、鋭い踏み込みに磨きをかけた。朝乃山は「今場所だけの課題ではない。つねに足りないものを求めたい」と向上心を隠さない。

意識した稽古の成果が、10日目の明生《めいせい》（西前頭2枚目、立浪部屋）戦で出た。左足で力強く踏み込み、素早く左上手を取って右を差すと、体を密着させて寄り切った。元気な明生に何もさせず「今場所一番の内容」で圧勝した。今場所は貴景勝、北勝富士、阿炎、大栄翔など突き押し力士を次々に撃破。明生に勝って8勝目とし、10日目で早くも勝ち越しを決めた。

11日目に宝富士《たからふじ》（東前頭3枚目、伊勢ケ浜部屋）、13日目に琴勇輝《ことゆうき》（西前頭4枚目、佐渡ケ嶽部屋）を下して2桁白星とし、14日目に竜電《りゅうでん》（西前頭5枚目、高田川部屋）を破って11勝を挙げた。新三役での2桁勝利は2015年春場所の照ノ富士《てるのふじ》以来（関脇で13勝2敗）、新小結に限れば05年初場所の白鵬（11勝4敗）以来となった。

新小結として臨んだ九州場所で初の技能賞を獲得した朝乃山
=2019年11月24日、福岡国際センター

大鵬、貴花田に続く 大関昇進率は8割超

九州場所は白鵬の43度目の優勝で幕を閉じたが、年間最多勝争いにも注目が集まった。先場所終了時点で45勝でトップの御嶽海、阿炎を1差で追っていた朝乃山は、13日目に琴勇輝を破って年間54勝とし、初の年間最多勝が確定した。

横綱、大関以外の年間最多勝は、関脇だった1960年の大鵬《たいほう》、92年の貴花田《たかはなだ》（後の貴乃花《たかのはな》）以来、27年ぶり3人目の快挙となった。大鵬、貴花田はそれぞれ翌年に大関に昇進し、昭和、平成を代表する名横綱となった。令和で輝く朝乃山の出世が重なって見える。朝乃山は「偉大な横綱に続けて光栄。名に恥じない力士になりたい」と謙虚に語る。

さらに、出世を裏付けるうれしいデータもある。年6場所制となった58年以降、新小結で2桁勝利した20人のうち17人が大関以上となり、「大関昇進率」は8割を超える。

朝乃山が積み上げた55勝は年間最多勝では過去最少の白星だが、休場が多かった上位陣に比べ、年間を通じて安定して戦った証しでもある。夏場所優勝の12勝3敗がけん引し、負け越した春場所と名古屋場所でも、7勝8敗で踏みとどまったことが大きい。

「負け越しでも7勝と6勝では次の場所の番付が違ってくる。一日一番に集中した結果、終わってみればタイトルを取れたのでうれしい」

6力士休場の異常事態 前に出ればけがと無縁

朝乃山の強さの一つに、けがが少ないことも挙げられる。

九州場所は5日目までに鶴竜、大関豪栄道《ごうえいどう》（境川部屋）、関脇栃ノ心《とちのしん》（春日野部屋）、友風（西前頭3枚目、尾車部屋）、逸ノ城《いちのじょう》（東前頭12枚目、湊部屋）、新入幕の若隆景《わかたかかげ》（東前頭16枚目、荒汐部屋）の幕内6力士が休場する異常事態となった。

土俵際での投げや引き技は見応えがある半面、無理な体勢で腰やひざに負担がかかり、けがを起こしやすい。その点、前に出る朝乃山の相撲はけがが少なく、力士寿命が長くなる。

朝乃山は「特別なことは何もしていない。しっかり稽古をして、休める時は休む」と努力を語ろうとしないが、筋トレや体のケアなどを怠らない「プロ意識」が強さを支えている。

琴ケ梅は昇進できず「ここ一番」の執念を

大相撲で最高位の横綱に次ぐ地位が大関だ。大関の歴史は横綱より古く、1909年（明治42年）に横綱が正式に最高位と明文化されるまで、番付上は大関が最高位だった。富山県出身の大関は同年に昇進し、後に第22代横綱になる太刀山《たちやま》以来、出ていない。太刀山は朝乃山と同じ富山市呉羽出身の英雄だ。

その大関に最も近かった郷土力士がいる。朝乃山からさかのぼること34年前の85年九州場所で新小結となった琴ケ梅《ことがうめ》（富山市八尾町出身）だ。翌年に新関脇に昇進し、89年名古屋場所、秋場所で2場所連続10勝5敗の2桁勝利を挙げ、九州場所で大関とりに挑んだ。結果は8勝7敗で昇進ならず。琴ケ梅は三役を18場所務めたが、二度と大関とりのチャンスは巡ってこなかった。

大関とりについて、朝乃山は「初場所で2桁勝って、その言葉（大関）を口にしたい」と言う。今場所の11勝を起点にした場合、初場所と3月の大阪場所で22勝を積み上げないと、昇進目安の33勝には届かない計算だ。上位と当たる立場ではハードルは高い。「2桁勝たないと上へ行けないどころか、地位を守ることもできない。勝ち越しではなく、2桁勝つ」。チャンスをものにしたい強い意欲が伝わってきた。

仮に初場所で朝乃山が顕著な活躍をした場合、大関とりが前倒しとなる可能性もある。秋場所は前頭2枚目で10勝、九州は小結で11勝、初場所で12勝すれば33勝の目安には到達する。勝ち方や優勝争いにからんでムードが漂ってくれば面白い。15年夏場所で優勝し、翌場所に大関に昇進した照ノ富士も、3場所前は東前頭2枚目で8勝7敗の成績だった。優勝を機に、一気に大関昇進の機運が高まった経緯がある。

大関を目指す上で、プレッシャーがかかる「ここ一番」の相撲は落とせない。九州場所12日目の関脇御嶽海戦は1差で白鵬を追い掛け、優勝争いに残るには負けられない一番だった。だが、決して調子が良くなかった御嶽海にもろ差しを許し、3敗目を喫した。左上手を取れたが前へ攻められず「優勝は意識していないが、硬かったかもしれない」と唇をかんだ。

千秋楽も、敢闘賞がかかる正代《しょうだい》（西前頭10枚目、時津風部屋）に立ち合いで当たり負けし、白星で飾ることができなかった。直近6場所の千秋楽は2勝4敗と負けが多い。15日間を締める千秋楽での負けは心証が悪いだけに、勝ち切る執念も必要だ。朝乃山は「来年は大事な場所が続くので、千秋楽でも勝てるようにしたい」とリベンジを誓う。

25年間で一番いい年 来年もさらに飛躍を

令和で初めて初優勝し、初の三役で初の技能賞、初の年間最多勝。フレッシュな朝乃山らしく、初体験が続いた2019年。令和元年の相撲界は、朝乃山に始まり、朝乃山で締めた一年と言っても過言ではない。

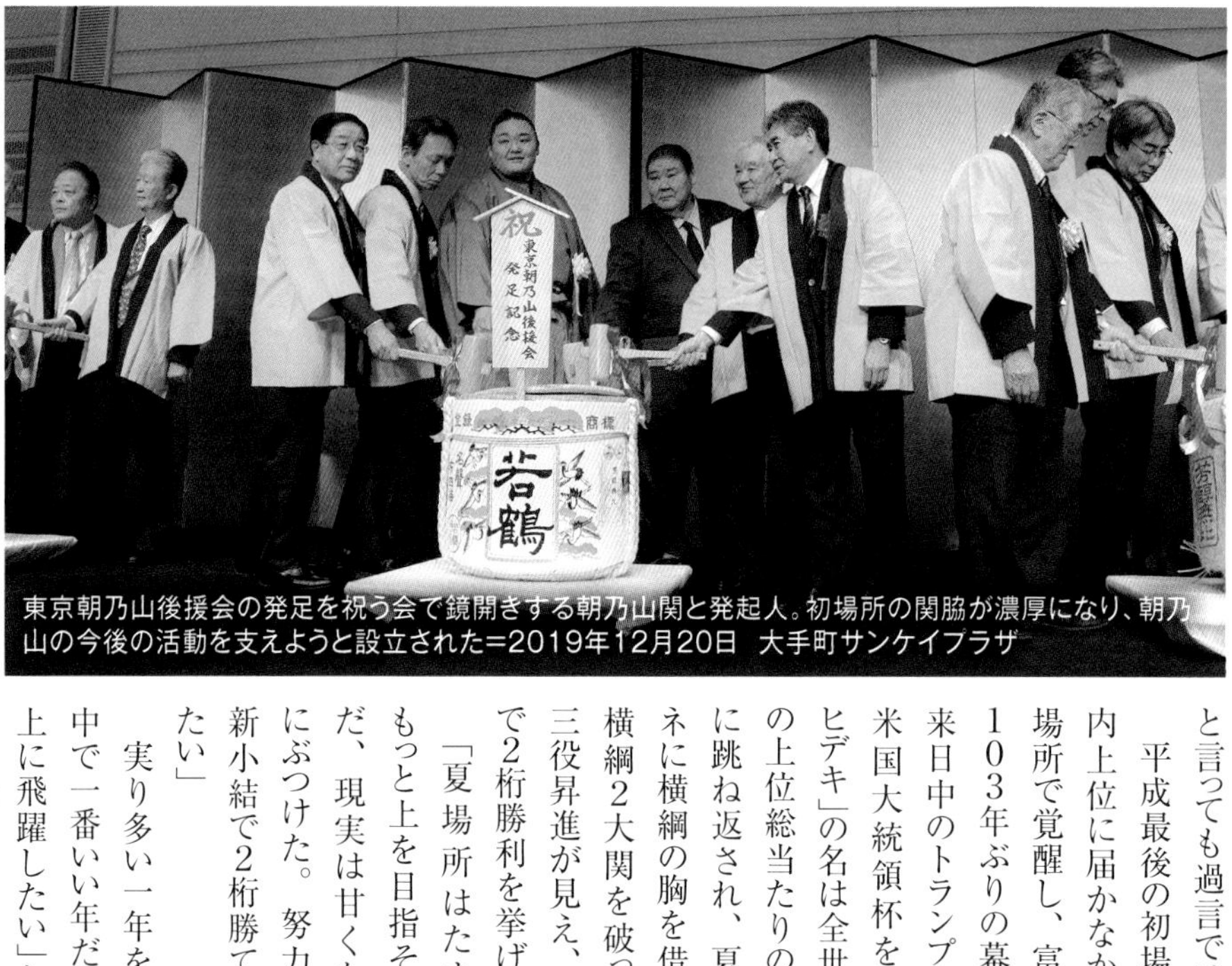

東京朝乃山後援会の発足を祝う会で鏡開きする朝乃山関と発起人。初場所の関脇が濃厚になり、朝乃山の今後の活動を支えようと設立された＝2019年12月20日　大手町サンケイプラザ

平成最後の初場所、春場所はまだ幕内上位に届かなかった。令和最初の夏場所で覚醒し、富山県出身力士として103年ぶりの幕内優勝を果たした。来日中のトランプ米大統領から新設の米国大統領杯を贈られ、「アサノヤマヒデキ」の名は全世界に発信された。初の上位総当たりの名古屋場所では、壁に跳ね返され、夏巡業では悔しさをバネに横綱の胸を借りた。秋場所では1横綱2大関を破って2桁勝ち、目標の三役昇進が見え、九州場所では新小結で2桁勝利を挙げることができた。

「夏場所はたまたま優勝したが、もっと上を目指そうと強く思った。ただ、現実は甘くなく、悔しさを稽古にぶつけた。努力が少しずつ花開き、新小結で2桁勝てたことを自信に変えたい」

実り多い一年を「25年間生きてきた中で一番いい年だった。来年も今年以上に飛躍したい」と語る朝乃山。そして、続けた。

「プロとして入門した以上、てっぺんを目指している。亡くなった浦山先生（富山商業高校時代の恩師・故浦山英樹さん）との約束もある。少しずつ頂上に近づいていると思うので、やれるところまでやりたい」

力強い言葉は、今年1年で得た自信と成長の現れだ。オリンピックイヤーとなる2020年。心技体がかみ合い、進境著しい大器はすでに大関とりの先を見すえている。

2019年を振り返る

2019年
秋場所
西前頭2枚目

2019年9月に東京・両国国技館で行われた大相撲秋場所。西前頭2枚目の朝乃山は、10勝5敗の好成績で2場所ぶりの勝ち越しを決めた。3度目の挑戦となる横綱戦で、自身初の金星を獲得。幕内通算100勝目に花を添えた。さらに2大関を撃破して終盤まで優勝争いに絡み、2度目の殊勲賞も受賞した。5月の夏場所での幕内優勝が、実力であることを証明してみせた朝乃山。目標の新三役が見えてきた。

2019年秋場所5日目　横綱・鶴竜（右）を寄り切りで破り、初金星を挙げる朝乃山＝両国国技館

朝乃山は、優勝した夏場所以来となる2桁勝利に、殊勲賞と金星を得る好成績を残し「実りの秋」にふさわしい場所となった。初日から2連勝、5日目からは6連勝で勝ち越しを決めた。

快進撃の起点となったのが、5日目の横綱鶴竜《かくりゅう》（井筒部屋、現陸奥部屋）戦。得意の右四つ左上手で休まず攻め続け、最後は腰を落として寄り切った。これで波に乗り、6日目も大関豪栄道《ごうえいどう》（境川部屋）に上手投げで勝利。7日目の竜電《りゅうでん》（西前頭5枚目、高田川部屋）、8日目の碧山《あおいやま》（西前頭筆頭、春日野部屋）、9日目の阿炎《あび》（東小結、錣山部屋）、10日目の志摩ノ海《しまのうみ》（東前頭6枚目、木瀬部屋）にはすべて寄り切りで勝った。

優勝争いに残るには負けられない11日目、北勝富士《ほくとふじ》（東前頭筆頭、八角部屋）戦は押し出しで黒星を喫した。12日目は苦手な大栄翔《だいえいしょう》（東前頭3枚目、追手風部屋）相手に4敗目となり優勝が遠のいた。13日目は、玉鷲《たまわし》（東前頭4枚目、片男波部屋）を突き落として初勝利。14日目は土俵際で粘る友風《ともかぜ》（西前頭3枚目、尾車部屋）に上手投げを決めた。

千秋楽は3敗同士の対戦が組まれ、2度目の優勝はこの時点でなくなった。苦手力士の克服は勝ち星を伸ばす上で欠かせない。「イメージはつかめた。もっと伸ばしていきたい」と来場所を見据えた。

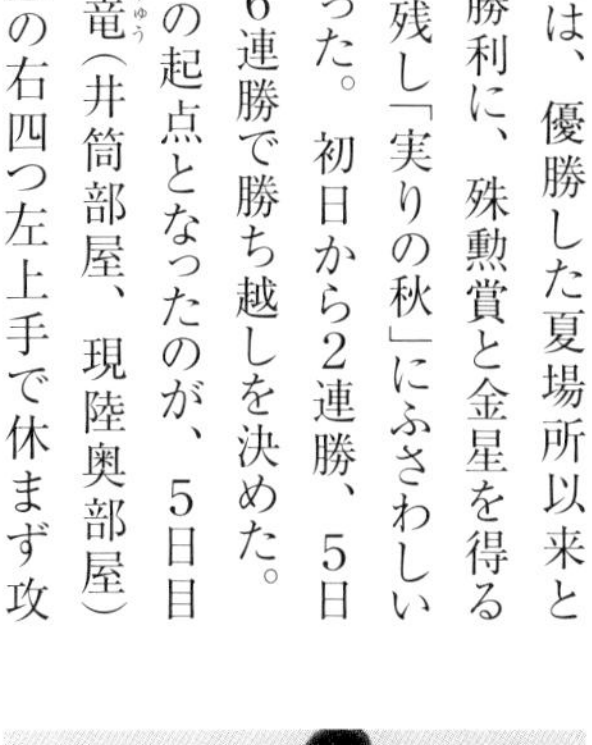

2度目の殊勲賞を得た朝乃山

大相撲秋場所（9月場所）
朝乃山（西前頭2枚目）の取組結果

幕内	取組力士		勝敗	決まり手
初日	御《み》嶽《たけ》海《うみ》	東関脇	○	押し出し
2日目	栃《とち》ノ《の》心《しん》	東大関	○	寄り切り
3日目	貴《たか》景《けい》勝《しょう》	西関脇	●	はたき込み
4日目	遠《えん》藤《どう》	西小結	●	寄り切り
5日目	鶴《かく》竜《りゅう》	東横綱	○	寄り切り
6日目	豪《ごう》栄《えい》道《どう》	西大関	○	上手投げ
7日目	竜《りゅう》電《でん》	西前頭5枚目	○	寄り切り
中日	碧《あおい》山《やま》	西前頭筆頭	○	寄り切り
9日目	阿《あ》炎《び》	東小結	○	寄り切り
10日目	志《し》摩《ま》ノ《の》海《うみ》	東前頭6枚目	○	寄り切り
11日目	北《ほく》勝《と》富《ふ》士《じ》	東前頭筆頭	●	押し出し
12日目	大《だい》栄《えい》翔《しょう》	東前頭3枚目	●	突き落とし
13日目	玉《たま》鷲《わし》	東前頭4枚目	○	突き落とし
14日目	友《とも》風《かぜ》	西前頭3枚目	○	上手投げ
千秋楽	明《めい》生《せい》	西前頭10枚目	●	寄り切り

10勝5敗で２場所ぶりの勝ち越し、２度目の殊勲賞

2019年 富山場所

朝乃山に沸く 優勝後初の地元巡業

2019年8月1日、大相撲の夏巡業「富山場所」（北日本新聞社など主催）が、富山市総合体育館で行われ、約5700人の観衆が白鵬《はくほう》、鶴竜《かくりゅう》、朝乃山ら人気力士による迫力の取組に沸いた。

北勝富士との取組で会場を沸かせた朝乃山（中央右）＝2019年8月1日、富山市総合体育館

2019年8月1日、大相撲の夏巡業「富山場所」が、富山市総合体育館で行われ、約5700人が迫力の取組に沸いた。

平幕の朝乃山は夏場所の優勝後、初の地元巡業で、ひときわ大きな声援を浴びた。

県内での巡業の開催は4年連続。白鵬、鶴竜の両横綱をはじめ、序二段から幕内までの力士約120人が土俵に上がった。

午前11時20分ごろ、ぶつかり稽古で白鵬の指名を受けて土俵に上がると、会場がどっと沸いた。横綱に何度もぶつかっては転がされ、その度に必死に立ち上がる姿に観客は興奮。「富山の皆さんのために頑張ろうと思った」と、約5分間、第一人者の胸を借りて背中を砂まみれにした。

この日、朝乃山の取組の対戦相手は同じく平幕の北勝富士《ほくとふじ》（八角部屋）。朝乃山は取組前に「会場を沸かせたい」と強調。立ち合いでまわしを取られて投げられそうになったが、何とかこらえ得意の四つ相撲で寄り切ると、会場が大歓声に包まれた。

県出身力士は、序二段の常川《つねかわ》（南砺市出身、荒汐部屋）が柏王丸《はくおうまる》（時津風部屋）を寄り切った。

結びの一番を前に豪快に塩をまく白鵬

力士の象徴の大銀杏《おおいちょう》を結い上げる実演コーナーでは、朝乃山がモデルを務めた。「床山」の鮮やかな手の動きに合わせて、行司が実演内容を解説した。大銀杏《おおいちょう》が結える髪の長さになるまで、5年から10年掛かることなども紹介。力士の象徴は5分ほどで完成した。

相撲の禁じ手を面白おかしく紹介する「初切《しょっきり》」や相撲甚句の披露、サインなども行われた。

大銀杏に髪を結われる朝乃山

2019年 名古屋場所

東前頭筆頭

7月に行われた大相撲名古屋場所。5月の夏場所で優勝した朝乃山は、7勝8敗と2場所ぶりの負け越しとなった。自己最高位の前頭筆頭で臨んだ名古屋は横綱、大関と初めて総当たりした。結果は上位陣の壁に跳ね返され、優勝から一転、悔しい「勉強の場所」となった。初の横綱戦では、力の差や課題を見せつけられた。それでも、得意の右四つの相撲を磨けば上位陣にも通用する手応えを感じ、今後の成長につながる収穫もあった。

名古屋場所5日目、大関栃ノ心(右)を寄り切り、連敗を3で止めた朝乃山＝名古屋市のドルフィンズアリーナ

2019年7月、初めての上位総当たりとなった名古屋場所。朝乃山は勝ち越しまであと1番届かなかった。2日目の結びで横綱白鵬《はくほう》(宮城野部屋)と割が組まれた。立ち合い、先に手を付いた朝乃山が白鵬を待つ形となった。すぐに左上手を取られ、右をねじ込んで土俵際まで追し込んだが、下手を引きつけて出たところで豪快な上手投げを打たれた。

3日目の横綱戦は、鶴竜《かくりゅう》(井筒部屋)との結びの一番。朝乃山は左上手を取りにいく瞬間、うまく体を引かれ、肩すかしを食らう。初の横綱戦は2連敗となり、金星はお預けとなった。

休場の貴景勝《たかけいしょう》(千賀ノ浦部屋)を除く3大関とも対戦。初日は豪栄道《ごうえいどう》(境川部屋)を寄り切り、幸先の良いスタートを切った。4日目は初顔合わせの高安《たかやす》(田子ノ浦部屋)。得意の右四つから攻めきれず下手出し投げで敗れた。5日目の栃ノ心《とちのしん》(春日野部屋)には頭から当たり、左上手を取って一気に寄り切り、序盤の横綱、大関戦は2勝3敗となった。6日目の玉鷲《たまわし》(西関脇、片男波部屋)、7日目の御嶽海《みたけうみ》(東関脇、出羽海部屋)には押し出しで敗れた。10日目の阿炎《あび》(東小結、錣山部屋)、12日目の大栄翔《だいえいしょう》(西前頭3枚目、追手風部屋)に引き落とされ13日目の碧山《あおいやま》(東前頭2枚目、春日野部屋)にはたき込まれて8敗目。負け越しが決まった。

14日目は、三役経験のある正代《しょうだい》(東前頭3枚目、時津風部屋)を巻き替えて得意の右四つとなり、力強く寄り切った。千秋楽は佐田の海《さだのうみ》(西前頭13枚目、境川部屋)を寄り倒し、持ち前の前へ出る相撲で負け越しから2連勝し、来場所への明るい材料となった。

大相撲名古屋場所(7月場所)
朝乃山(東前頭筆頭)の取組結果

幕内	取組力士		勝敗	決まり手
初日	豪栄道《ごうえいどう》	東大関	○	寄り切り
2日目	白鵬《はくほう》	西横綱	●	上手投げ
3日目	鶴竜《かくりゅう》	東横綱	●	肩すかし
4日目	高安《たかやす》	西大関	●	下手出し投げ
5日目	栃ノ心《とちのしん》	西大関	○	寄り切り
6日目	玉鷲《たまわし》	西関脇	●	押し出し
7日目	御嶽海《みたけうみ》	東関脇	●	押し出し
中日	遠藤《えんどう》	西前頭2枚目	○	上手投げ
9日目	竜電《りゅうでん》	西小結	○	寄り切り
10日目	阿炎《あび》	東小結	●	引き落とし
11日目	北勝富士《ほくとふじ》	西前頭筆頭	○	寄り切り
12日目	大栄翔《だいえいしょう》	西前頭3枚目	●	引き落とし
13日目	碧山《あおいやま》	東前頭2枚目	●	はたき込み
14日目	正代《しょうだい》	東前頭3枚目	○	寄り切り
千秋楽	佐田の海《さだのうみ》	西前頭13枚目	○	寄り倒し

7勝8敗で２場所ぶりの負け越し

2019年 高砂部屋 富山夏合宿

射水市内で高砂部屋合宿 迫力の朝稽古にファン沸く

大勢の観客の前で稽古に励む朝乃山（中央）ら＝グリーンパークだいもん相撲場

大相撲高砂部屋の初めての富山合宿が2019年6月12、13の両日、射水市二口（大門）のグリーンパークだいもん相撲場で行われた。この年、夏場所で初優勝したばかりの朝乃山らが朝稽古を公開。スターの勇姿を一目見ようと、早朝にもかかわらず2日間で延べ5千人を超える相撲ファンが詰め掛け、力士らの迫力のある稽古に歓声を上げた。

2日間とも開場前から大勢の人が詰め掛け、力士たちが順次土俵に姿を見せ稽古をする姿に見入った。朝乃山が午前8時前に姿を見せると「かっこいいよー」「こっち向いて」などと歓声が上がった。朝乃山は30分ほど四股を踏むなどして体をほぐした後、土俵に上がってぶつかり稽古などで汗を流した。

朝稽古の後には、朝乃山の夏場所初優勝をたたえ、蒲地北日本新聞社取締役営業局長の掛け声に合わせて来場者が「おめでとう」と声をそろえて祝福した。高砂親方（元大関朝潮）は「相撲は地域密着のプロスポーツ。朝乃山にとって富山は大きなバックボーンだ」とあいさつし、朝乃山は「皆さんのおかげで優勝できた。この優勝に満足せず、高砂部屋一同頑張りますので、これからも応援よろしくお願いします」と話した。

会場では数量限定でちゃんこ鍋が振る舞われ、朝乃山との握手会も行われ、ファンは触れ合いを楽しんだ。

合宿所に到着し、土俵の雰囲気を確認する朝乃山（中央）ら高砂部屋の力士＝グリーンパークだいもん

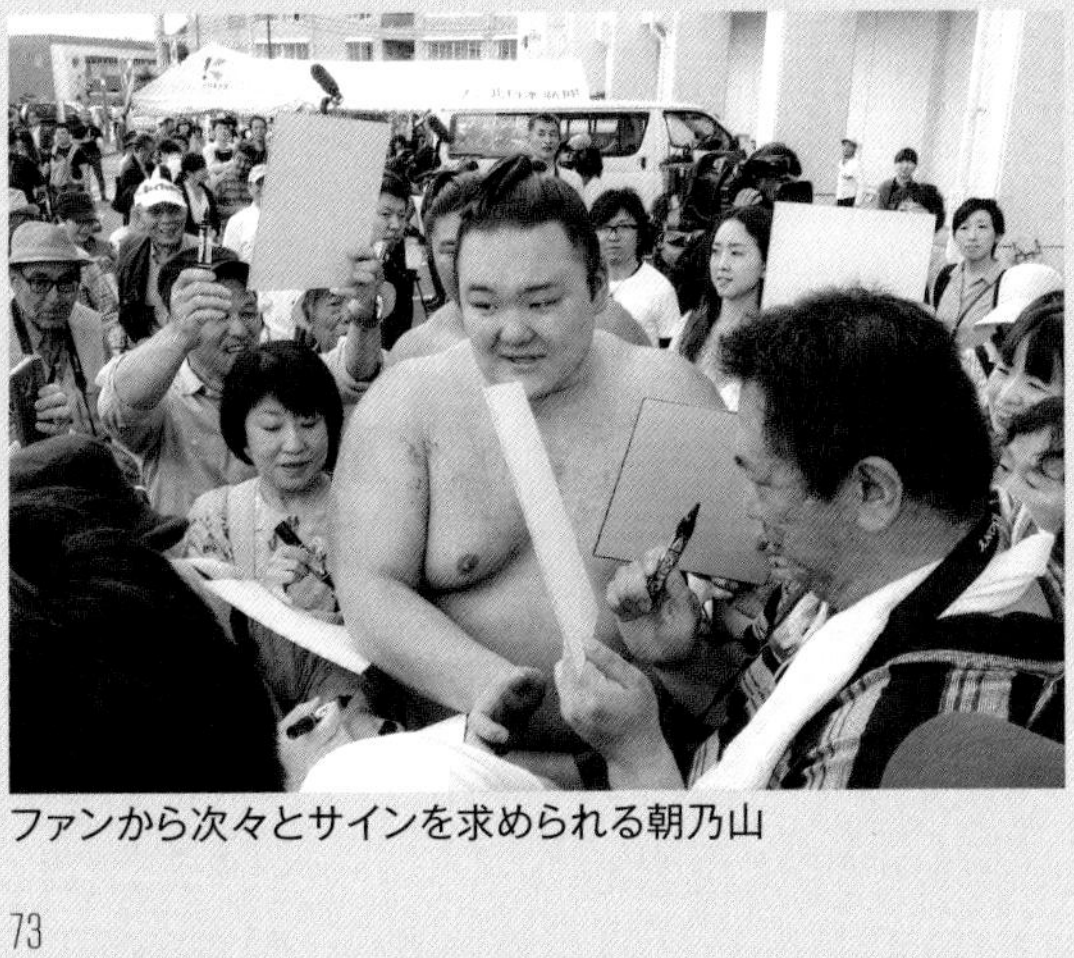

ファンから次々とサインを求められる朝乃山

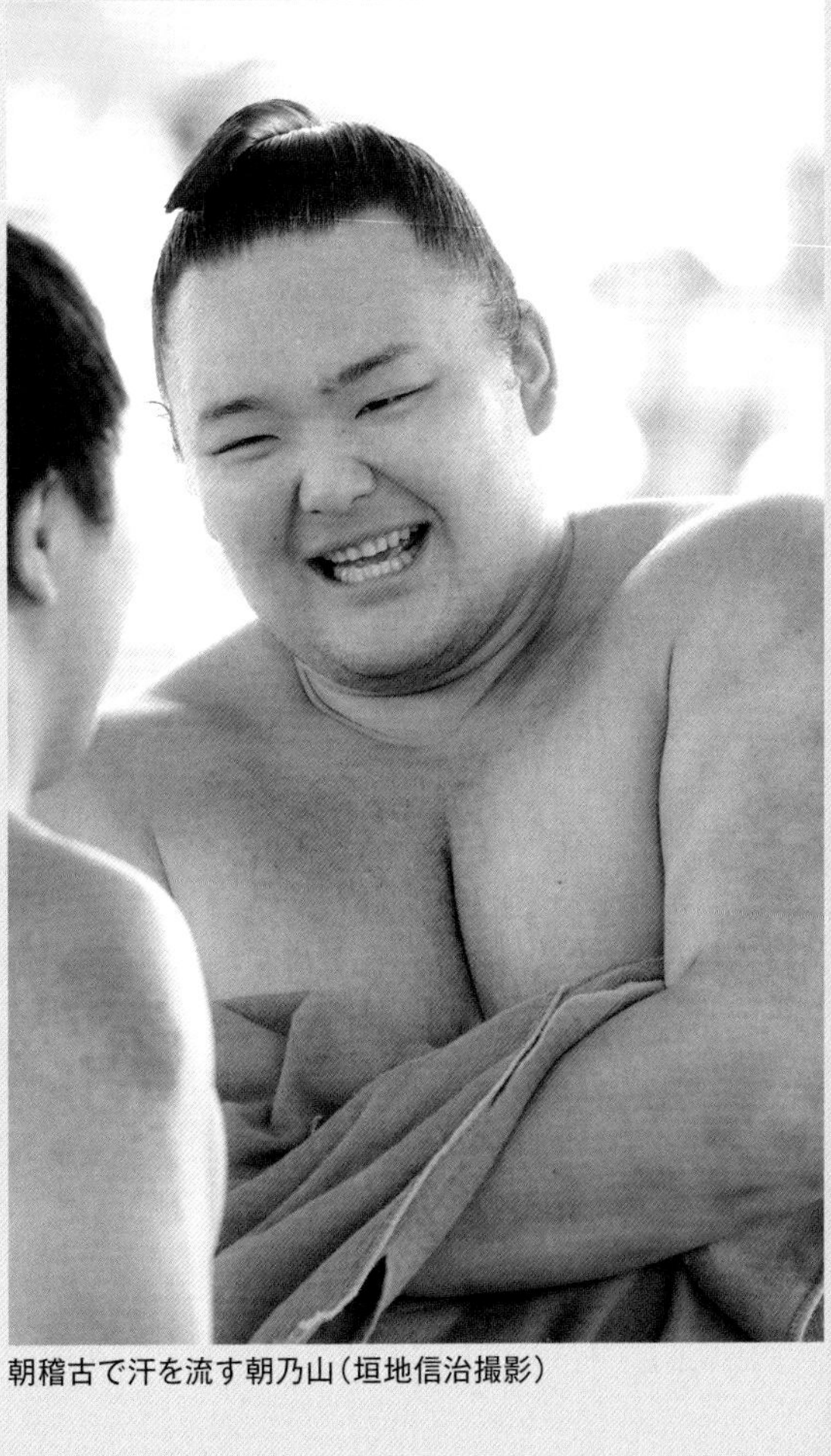

朝稽古で汗を流す朝乃山（垣地信治撮影）

豪栄道（右）を攻める朝乃山。右四つに組んで土俵際に押し込み、寄り切りで破った＝両国国技館

2019年 夏場所
西前頭8枚目

新元号令和で初めてとなる大相撲夏場所。富山が生んだ朝乃山（西前頭8枚目、高砂部屋）が、これを制した。富山県出身力士の幕内優勝は1916（大正5）年の横綱太刀山以来、103年ぶりの快挙。三役経験がない平幕の優勝は1961年夏場所の佐田の山以来58年ぶりと記録づくめとなり、新時代の到来を印象づける優勝となった。千秋楽後の表彰式では、令和初の天皇賜杯、内閣総理大臣杯に加え、来日中のトランプ米大統領から新設の米国大統領杯を贈られ、「アサノヤマ」の名前が世界に発信された。

5月の夏場所では、千秋楽を待たずに初優勝を決めた。素早く上手を取り前へ前へ出る「攻める相撲」に力強さが加わり、右四つの大器が一気に花開いた。成績も自己最多となる12勝を挙げ、初の殊勲賞、3度目の敢闘賞のダブル受賞となった。初日から5連勝と好調な滑り出しを見せた。6日目に1敗したが、7日目から再び5連勝し、優勝争いをリードした。

初日の魁聖《かいせい》（東前頭8枚目・友綱部屋）戦では、立ち合いすぐに左上手を取って一気に寄り切った。師匠の高砂《たかさご》親方（元大関朝潮《あさしお》）は「上手の早さに成長を感じた」と評価する。

苦手相手もうまく攻略した。5日目、過去1勝5敗の輝《かがやき》（東前頭10枚目、高田川部屋）に上手を許すも左から強烈なおっつけで前に出て、すくい投げを決めた。9日目は、直近5連敗中だった竜電《りゅうでん》（西前頭5枚目、高田川部屋）と対戦。胸からいく朝乃山が珍しく頭から当たり、竜電が慌てて押し返してきたところをいなして寄り倒し、勝ち越しを決めた。

一方で課題も浮き彫りになった。負けた3番はすべて突き押しが得意な阿《おう》武《の》咲《しょう》（西前頭10枚目、阿武松部屋）、玉鷲《たまわし》（西前頭3枚目、片男波部屋）、小結御嶽海《みたけうみ》（出羽海部屋）に敗れている。立ち合いで圧力負けし、一気に押し込まれる負け方が目立った。

14日目に大関豪栄道《ごうえいどう》（境川部屋）と割が組まれた。取組前、11勝2敗で優勝争いのトップを走っていた。注目の立ち合い。鋭く当たるも豪栄道に上手を許し、不利な体勢から上手をつかみ、がっぷり四つに。土俵際に押し込まれても体を入れ替え、最後は豪栄道の体が浮くほどの圧力をかけ、寄り切った。「自分の相撲で大関に勝てたことがうれしかった」と振り返る。

大相撲夏場所（5月場所）
朝乃山（西前頭8枚目）の取組結果

幕内	取組力士		勝敗	決まり手
初日	魁《かい》聖《せい》	東前頭8枚目	○	寄り切り
2日目	友《とも》風《かぜ》	西前頭9枚目	○	上手投げ
3日目	明《めい》生《せい》	西前頭7枚目	○	寄り切り
4日目	錦《にしき》木《ぎ》	東前頭9枚目	○	寄り切り
5日目	輝《かがやき》	東前頭10枚目	○	すくい投げ
6日目	阿《おう》武《の》咲《しょう》	西前頭10枚目	●	押し出し
7日目	嘉《よし》風《かぜ》	西前頭6枚目	○	押し出し
中日	宝《たから》富《ふ》士《じ》	東前頭6枚目	○	突き出し
9日目	竜《りゅう》電《でん》	西前頭5枚目	○	寄り倒し
10日目	正《しょう》代《だい》	東前頭7枚目	○	寄り切り
11日目	佐《さ》田《だ》の海《うみ》	西前頭13枚目	○	寄り切り
12日目	玉《たま》鷲《わし》	西前頭3枚目	●	押し出し
13日目	栃《とち》ノ《の》心《しん》	西関脇	○	寄り切り
14日目	豪《ごう》栄《えい》道《どう》	東大関	○	寄り切り
千秋楽	御《み》嶽《たけ》海《うみ》	西小結	●	寄り切り

12勝3敗で幕内優勝

令和最初の天皇賜杯 初優勝の美酒に酔う

　千秋楽の両国国技館は朝から異様な雰囲気に包まれていた。安倍晋三首相と来日中のトランプ米大統領が相撲を観戦するため、物々しい警備が敷かれていた。朝乃山は小結御嶽海（出羽海部屋）と対戦。土俵下で5分ほど待たされ、集中できなかったのか、立ち合いから一気に寄り切られ、千秋楽を白星で締めることはできなかった。

　表彰式では、令和初の天皇賜杯、内閣総理大臣杯が授与された。トランプ大統領は表彰状を読み上げ「アサノヤマ　ヒデツキ」と名前を呼び、重さ約30kgの米国大統領杯を手渡した。「重かった。言葉で表せないほどうれしかった」と朝乃山。表彰式後、支度部屋で賜杯を抱いて支援者と万歳三唱し、国技館前からオープンカーでパレードした。千秋楽パーティーでは大杯に注がれた日本酒を飲み、初優勝の美酒に酔いしれた。

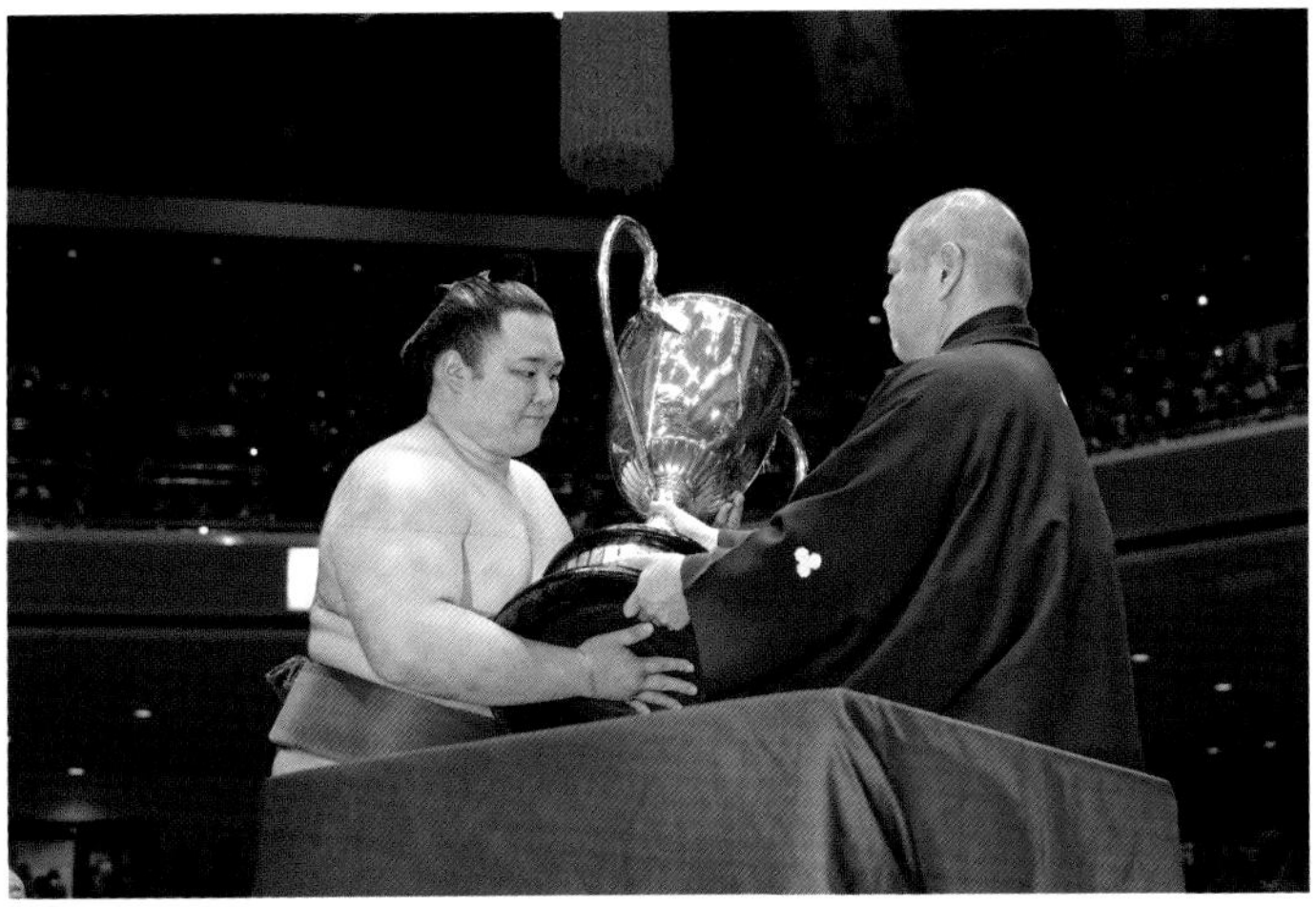

平幕で初優勝し、日本相撲協会の八角理事長（右）から令和初の賜杯を受け取る朝乃山＝2019年5月26日、東京・両国国技館

祝勝会で大杯を手に笑顔を見せる朝乃山（中央）＝５月２６日、第一ホテル両国

富山で凱旋《がいせん》パレード

朝乃山 祝福に笑顔 沿道を埋める2万5千人

　この年の6月16日、令和初の賜杯を手にした朝乃山の凱旋パレードが出身地の富山市で行われ、沿道に集まった観客2万5千人（県発表）が103年ぶりの県出身優勝力士を祝福した。朝乃山はオープンカーで富山県庁を出発し、北日本新聞社前や富山城址公園の外周を通って、手を振りながら約1.5キロの道のりをゆっくりと回り、富山市役所を経て県庁に戻った。パレード後、「（千秋後のパレードよりも）地元の方が大フィーバーしていた。人が多かった。大変ありがたい」と語った。

　同日、県スポーツ特別栄誉賞と同市特別表彰の贈呈式も行われ、その後の祝賀会では朝乃山富山後援会の会員や関係者ら約600人が夏場所の優勝を祝った。朝乃山関は来場所に向け「厳しい場所になるが、自信を持って自分の相撲を取りきり、勝ち越しを目指して頑張る」と力強く語った。

初優勝のパレードで、県民の祝福に笑顔で手を振って応えた。沿道には約2万5千人が詰め掛けた＝2019年6月16日、富山市丸の内

命をつなぐ『容器』をつくる
HANSHIN GROUP
阪神化成工業株式会社・ファーマパック株式会社・阪神容器株式会社
https://www.hanshin-group.co.jp/

美しい富山をリアルな色で
Love TOYAMA
とうざわ印刷工芸株式会社
富山市婦中町広田5210 TEL.076-466-2711

化粧まわしで気持ち引き締め

大関昇進の伝達式の口上で、朝乃山が述べた「愛と正義」は母校・富山商業高の教育目標でもある。昇進を決めた春場所では、初日からこの4文字が刺しゅうされた化粧まわしを着けて土俵入りに臨んだ。2019年の三役昇進に合わせ、同校の同窓会から贈られたものだ。

力士の昇進に合わせて母校の化粧まわしが贈られることは多い。朝乃山は母校の化粧まわしを着けると「気持ちがひきしまる」と語る。「なんとしてでも勝たないといけないという思いになる」という。春場所では中日で同期ライバルの豊山に敗れ、ピンチとなった。翌日の土俵入りは心機一転、近畿大の化粧まわしで臨み、正代に勝利して勝ち越しに王手をかけた。

朝乃山が富山商業高時代の恩師、故・浦山英樹さんの名が入った化粧まわしを大事にしていることはよく知られる。また東京富山県人会や朝乃山富山後援会、北日本新聞社などからも化粧まわしが贈られている。

❶／母校・富山商業高同窓会に贈られた化粧まわしの横で笑顔を見せる朝乃山（左）＝2019年12月30日 オークスカナルパークホテル富山❷／近畿大から贈られた化粧まわしで土俵入りする朝乃山＝2020年春場所9日目 エディオンアリーナ大阪❸／朝乃山の化粧まわしの数々❹／富山巡業で朝乃山富山後援会に贈られた化粧まわしで土俵入り

富山県出身力士として111年ぶり5人目の大関

日本相撲協会によると、朝乃山は県出身力士として111年ぶり5人目の大関となる。先輩の4人は江戸期に活躍した剣山《つるぎさん》と階ケ嶽《かいがたけ》、明治から大正期に横綱まで務めた梅ケ谷と太刀山《たちやま》。いずれも相撲史に名を残す力士だ。

111年前の1909年に大関となったのは、後の第22代横綱・太刀山。朝乃山と同じ富山市呉羽町出身で、16年に県出身力士として最後の幕内優勝を果たしたのもこの名横綱だ。太刀山の前は、西水橋町（現・富山市）出身の第20代横綱・梅ケ谷。横綱在位は12年に及び、土俵入りの雲竜型を完成させたとされる。

江戸後期までさかのぼると、さらに2人の大関がいる。婦負郡上掛尾村（現・富山市堀川町）で生まれた剣山は1827年の初土俵を経て、42年に当時の最高番付である大関へ。砺波郡戸出村（現・高岡市戸出地区）出身の階ケ嶽は188㎝、131㎏の恵まれた体格を生かし、56年に大関に上がった。

江戸期の大関2人の浮世絵を保管する高岡市福岡町下蓑新の佐伯孝夫さん（72）は、「朝乃山が活躍することで、忘れられかけていた郷土の力士たちを、多くの人に知ってほしい」と話した。

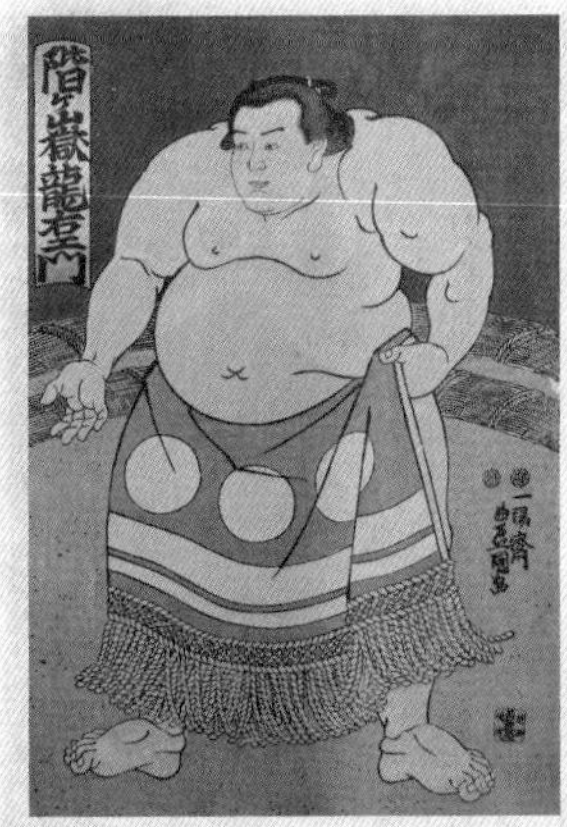

安政時代の実力派
階ケ嶽（1817～1868年）

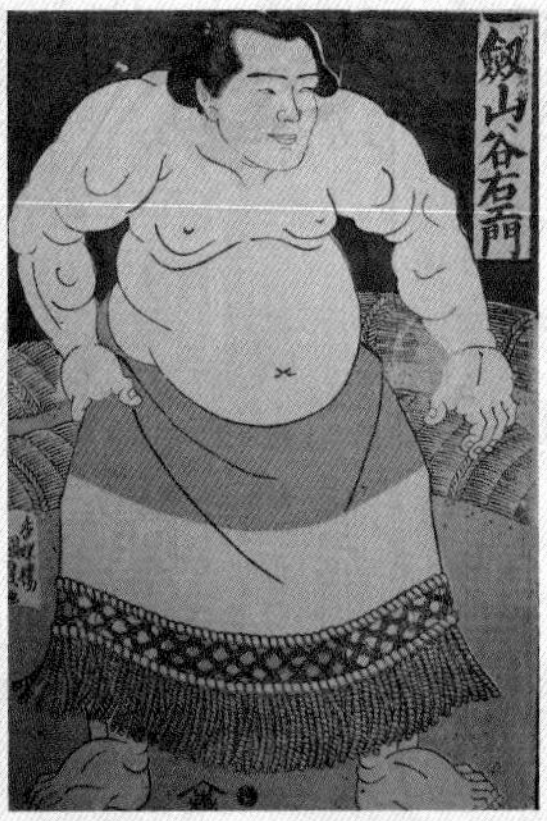

天保の3傑に数えられた
剣山（1803～54年・諸説あり）

明治から大正時代にかけて大関や横綱として活躍した
太刀山（中央左）と梅ケ谷（中央右）

朝乃山データベース

全身 朝乃山英樹

◎一問一答 朝乃山はこんな人

出身校：呉羽小学校（富山市）
呉羽中学校（富山市）
富山商業高校（富山市）
近畿大学（東大阪市）

最初に好きになったスポーツは？

子どもの頃から球技が好きで、小学生時代はハンドボールをやっていた。ゴールキーパーで地元富山県の選抜メンバーにも選ばれた。


相撲を続けてきた理由は？

やめるタイミングを逃したまま続けてきた。でも、負けていた相手に勝てるようになることが喜びだった。


好きな場所は？

地元・富山市呉羽にある「味処丸忠」と「呉羽の湯」。丸忠は「とりから揚げ定食」が一番。


好きな食べ物は？

おすしとブリの焼き物。ブリは大根おろしとしょうゆをかけて食べるのが最高。


おふくろの味は？

卵焼き。帰省したときに作ってもらう。


嫌いな食べ物は？

ない。何でも食べられたので、体が大きくなった。


趣味は？

音楽や映画鑑賞。音楽はJ−POP、洋楽、レゲエなど何でも聴く。


苦手なものは？

高い所・ジェットコースターは「体重制限で乗れない」と言ってきたが、実は怖い。


足のサイズは？

31センチ。このサイズは店になく、インターネットで購入するしかない。


50メートル走のタイムは？

学生時代のベストは7秒フラット。でも長距離走は苦手。


初恋はいつ？　相手は？

中学生の頃。同級生の女の子。


プロ入り前の思い出は？

大学4年時の和歌山国体。富山県チームの一員として団体優勝した。


中学・高校の思い出は？

中学は「ちょっと青春」、高校は「相撲漬けの日々」だった。


大相撲に入ってなかったら？

大学時代はアルバイトも就職活動もしなかったので、相撲以外は考えられない。

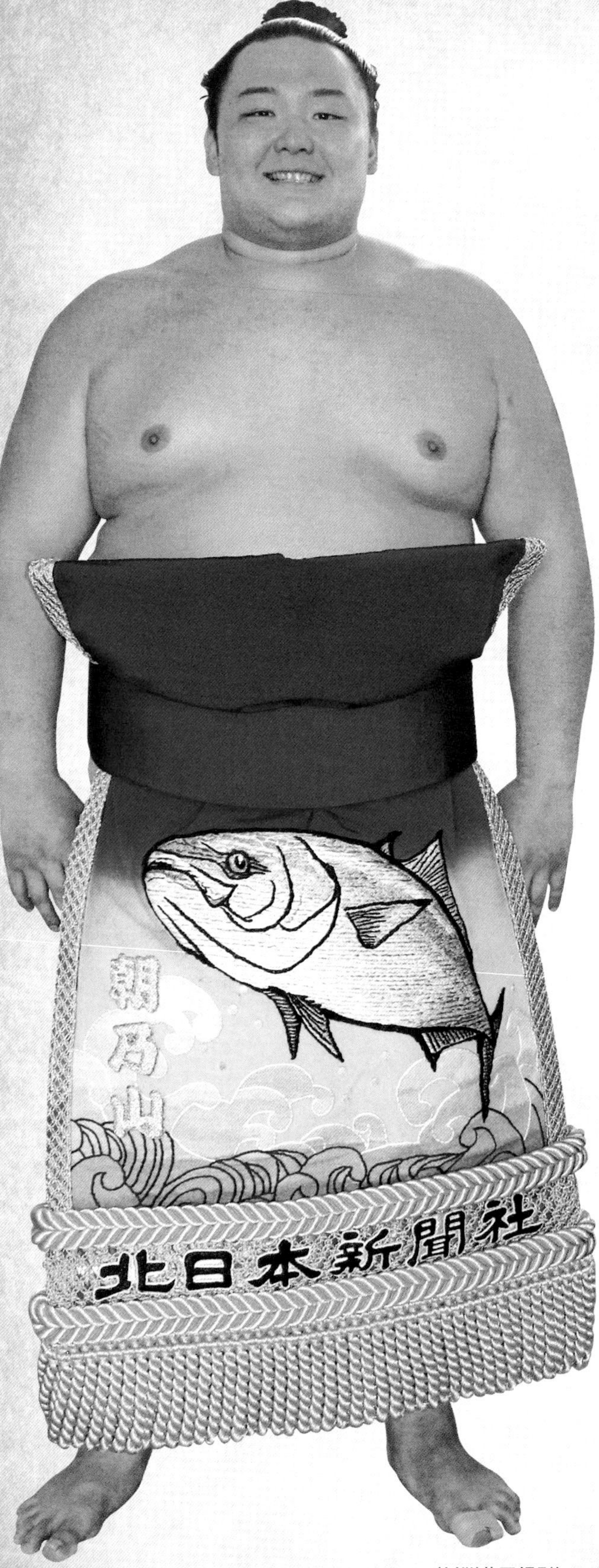

（川渕恭司撮影）

力士名	朝乃山《あさのやま》 英樹《ひでき》
本名	石橋《いしばし》 広暉《ひろき》
所属	高砂部屋（東京都墨田区）
師匠	高砂 浦五郎（元大関・朝潮）
しこ名履歴	石橋→朝乃山
番付	大関（2020年5月場所）
生年月日	1994年3月1日
出身地	富山県富山市呉羽町
身長	188.0cm
体重	177.0kg
得意技	右四つ・寄り

■戦歴・受賞歴（2020年3月場所時点）

幕内優勝	1回	（2019年5月場所）
幕下優勝	1回	（2017年1月場所）
殊勲賞	2回	（2019年5月場所、2019年9月場所）
敢闘賞	3回	（2017年9月場所、2018年7月場所、2019年5月場所）
技能賞	1回	（2019年11月場所）
金星	1個	（2019年9月場所）

生涯戦歴　203勝124敗（25場所）
幕内戦歴　139勝101敗（16場所）

■決まり手の傾向
（2020年3月場所時点過去6場所取組結果から算出）

1	寄り切り	54%
2	上手投げ	10%
3	押し出し	10%
	その他	26%

■番付推移

前頭8枚目（2019年5月場所）→前頭筆頭（2019年7月場所）→前頭2枚目（2019年9月場所）→小結（2019年11月場所）→関脇（2020年1月場所）→関脇（2020年3月場所）→大関（2020年5月場所）

■ 部屋入門　2015年12月
■ 初土俵　2016年　3月場所
■ 新十両　2017年　3月場所
■ 新入幕　2017年　9月場所
■ 新三役　2019年11月場所
■ 最高位　大関（2020年5月場所）

■同級生（1993年生まれ）の力士たち

豊《ゆたか》山《やま》	（時津風部屋）	新潟県新潟市出身	1993年 9月22日生	得意技 突き・押し
大《だい》栄《えい》翔《しょう》	（追手風部屋）	埼玉県朝霞市出身	1993年11月10日生	得意技 突き・押し
逸《いち》ノ《の》城《じょう》	（湊部屋）	モンゴル・アルハンガイ出身	1993年 4月 7日生	得意技 右四つ・寄り

■近畿大学相撲部出身の力士たち

宝《たから》富《ふ》士《じ》	（伊勢ヶ濱部屋）	青森県北津軽郡出身	1987年2月18日生	得意技 左四つ・寄り
徳勝龍《とくしょうりゅう》	（木瀬部屋）	奈良県奈良市出身	1986年8月22日生	得意技 突き・押し
志摩ノ海《しまのうみ》	（木瀬部屋）	三重県志摩市出身	1989年7月11日生	得意技 突き・押し
朝玉勢《あさぎょくせい》	（高砂部屋）	三重県伊勢市出身	1993年5月29日生	得意技 突き・押し

■同い年（1994年生まれ）の力士たち

炎《えん》鵬《ほう》	（宮城野部屋）	石川県金沢市出身	1994年10月18日生	得意技 左四つ・下手投げ
阿《あ》炎《び》	（錣山《しころやま》部屋）	埼玉県越谷市出身	1994年 5月 4日生	得意技 突き・押し
輝《かがやき》	（高田川部屋）	石川県七尾市出身	1994年 6月 1日生	得意技 突き・押し
隆《たか》の勝《しょう》	（千賀ノ浦部屋）	千葉県柏市出身	1994年11月14日生	得意技 押し

写真で見る 朝乃山ヒストリー

土俵人生まっしぐら

呉羽中1年。同校の相撲場で稽古に励む（左）＝10月、富山市呉羽町

呉羽小4年。牛ケ首用水記念相撲大会で2位（右）＝9月、富山市松木の牛ケ首神社境内相撲場

生後11カ月。自宅で愛らしい表情を見せる＝2月、富山市呉羽町

この年の目標を「関取になるぞ!!」と色紙に記し、3月場所での十両昇進を狙う朝乃山（当時 石橋）＝1月、東京・墨田区の高砂部屋

石橋のしこ名で、小柳（現 豊山）とともに三段目最下位格付け出しで春場所デビュー。勝ち越しを決める（奥）＝3月、エディオンアリーナ大阪

大相撲高砂部屋入りすることが決まり高砂親方（右）と共に母校の富山商業高校を訪れる（中央）。親方から、しこ名に「朝立山」を薦められるシーンも。左は同校監督の故浦山英樹さん＝1月、富山市の富山商業高校

近畿大相撲部時代の恩師で元監督の伊東勝人さん（2020年1月に急死）と優勝杯を手に写真に収まる朝乃山。伊東さんが手にする遺影は浦山英樹さん＝5月、両国国技館

夏場所で令和初の幕内優勝を果たし、トランプ米大統領（右）から米国大統領杯を受け取る＝5月、両国国技館

秋場所では金星を含む10勝5敗の好成績で、2度目の殊勲賞を獲得

秋場所5日目、鶴竜（左）を寄り切って初金星を挙げる＝9月、両国国技館

2015年

近畿大4年。「2015紀の国わかやま国体」。相撲青年男子団体の富山県選抜メンバーに先鋒として出場し、優勝に貢献（前列中央）＝9月、和歌山県営相撲競技場

全日本相撲選手権大会で3位入賞（後列中央）し、角界入りを表明＝12月、両国国技館

2011年

富山商3年。県相撲選手権高校生男子の部、重量級で優勝（前列左）＝10月、射水市のグリーンパークだいもん相撲場

2010年

富山商2年。県高校秋季選手権個人総合で優勝（左から2人目）。恩師だった同校相撲部元監督の故浦山英樹さん（左）から指導を受ける＝11月、富山市五福の県体協相撲場

1月場所で幕下優勝を決め、十両昇進が確実になる。早くもこの年の目標を達成する＝1月、両国国技館

優勝を見届けて亡くなった恩師・浦山元監督の名前にちなんで、新しいしこ名を「朝乃山英樹」と決める＝1月、都内

この年の秋場所に東前頭16枚目で新入幕が決まった号外を読む＝8月、東京・墨田区の高砂部屋

新入幕の秋場所を10勝5敗の好成績で終え、敢闘賞を獲得＝9月、両国国技館

九州場所で小結に昇進し、三役としてはじめて本場所前の神事に臨む（右）＝11月、福岡国際センター

2020年

春場所後、関脇から大関昇進が決まり記者会見で笑顔を見せる朝乃山。右は高砂親方、左から母の佳美さん、父の靖さん＝3月25日、大阪市中央区

2019年本場所の年間最多勝を受賞＝11月、福岡国際センター

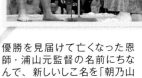

朝乃山 全戦績・受賞データ
（2020年3月場所～2016年3月場所）

▼令和2年（2020）年3月場所（春場所）
朝乃山（東関脇）

11勝4敗で4場所連続の勝ち越し

取組日	取組力士		勝敗	決まり手
初日	隠岐の海（おきのうみ）	東前頭2	○	寄り切り
2日目	徳勝龍（とくしょうりゅう）	西前頭2	○	上手出し投げ
3日目	大栄翔（だいえいしょう）	東前頭筆頭	○	押し出し
4日目	北勝富士（ほくとふじ）	東小結	○	すくい投げ
5日目	高安（たかやす）	西前頭筆頭	□	不戦勝
6日目	御嶽海（みたけうみ）	西前頭3	●	寄り切り
7日目	遠藤（えんどう）	西小結	○	小手投げ
中日	豊山（ゆたかやま）	東前頭3	●	すくい投げ
9日目	正代（しょうだい）	西関脇	○	寄り切り
10日目	炎鵬（えんほう）	東前頭4	○	押し出し
11日目	竜電（りゅうでん）	東前頭5	○	寄り切り
12日目	隆の勝（たかのしょう）	東前頭9	○	押し倒し
13日目	白鵬（はくほう）	東横綱	●	押し出し
14日目	鶴竜（かくりゅう）	西横綱	●	下手投げ
千秋楽	貴景勝（たかけいしょう）	東大関	○	押し倒し

▼令和2年（2020）年1月場所（初場所）
朝乃山（東関脇）

10勝5敗で3場所連続の勝ち越し

取組日	取組力士		勝敗	決まり手
初日	御嶽海（みたけうみ）	西前頭2	○	寄り切り
2日目	玉鷲（たまわし）	東前頭3	○	送り出し
3日目	隠岐の海（おきのうみ）	東前頭4	○	寄り切り
4日目	阿炎（あび）	東小結	●	押し倒し
5日目	遠藤（えんどう）	東前頭筆頭	●	寄り倒し
6日目	妙義龍（みょうぎりゅう）	西前頭筆頭	○	寄り切り
7日目	北勝富士（ほくとふじ）	東前頭2	○	寄り切り
中日	正代（しょうだい）	西前頭4	●	すくい投げ
9日目	大栄翔（だいえいしょう）	西小結	○	上手投げ
10日目	栃ノ心（とちのしん）	西前頭6	●	下手投げ
11日目	炎鵬（えんほう）	西前頭5	●	押し出し
12日目	豪栄道（ごうえいどう）	西大関	○	寄り切り
13日目	宝富士（たからふじ）	東前頭6	○	寄り切り
14日目	貴景勝（たかけいしょう）	東大関	○	上手投げ
千秋楽	竜電（りゅうでん）	西前頭8	○	浴びせ倒し

▼令和元年（2019）年11月場所（九州場所）
朝乃山（西小結）＝新三役

11勝4敗で2場所連続の勝ち越し。初の年間最多勝

取組日	取組力士		勝敗	決まり手
初日	鶴竜（かくりゅう）	東横綱	□	不戦勝
2日目	貴景勝（たかけいしょう）	東大関	○	上手出し投げ
3日目	白鵬（はくほう）	西横綱	●	すくい投げ
4日目	妙義龍（みょうぎりゅう）	東前頭2	○	寄り切り
5日目	北勝富士（ほくとふじ）	東小結	○	寄り切り
6日目	遠藤（えんどう）	西小結	●	下手投げ
7日目	隠岐の海（おきのうみ）	西前頭筆頭	○	寄り切り
中日	阿炎（あび）	東小結	○	押し出し
9日目	大栄翔（だいえいしょう）	東前頭筆頭	○	はたき込み
10日目	明生（めいせい）	西前頭2	○	寄り切り
11日目	宝富士（たからふじ）	東前頭3	○	寄り切り
12日目	御嶽海（みたけうみ）	東関脇	●	寄り切り
13日目	琴勇輝（ことゆうき）	西前頭4	○	押し出し
14日目	竜電（りゅうでん）	西前頭5	○	寄り切り
千秋楽	正代（しょうだい）	西前頭10	●	寄り切り

初の技能賞

▼令和元年（2019）年9月場所（秋場所）
朝乃山（西前頭2枚目）

10勝5敗で勝ち越し

取組日	取組力士		勝敗	決まり手
初日	御嶽海（みたけうみ）	東関脇	○	押し出し
2日目	栃ノ心（とちのしん）	東大関	○	寄り切り
3日目	貴景勝（たかけいしょう）	西関脇	●	はたき込み
4日目	遠藤（えんどう）	西小結	●	寄り切り
5日目	鶴竜（かくりゅう）	東横綱	○	寄り切り
6日目	豪栄道（ごうえいどう）	西大関	○	上手投げ
7日目	竜電（りゅうでん）	西前頭5	○	寄り切り
中日	碧山（あおいやま）	西前頭筆頭	○	寄り切り
9日目	阿炎（あび）	東小結	○	寄り切り
10日目	志摩ノ海（しまのうみ）	東前頭6	○	寄り切り
11日目	北勝富士（ほくとふじ）	東前頭筆頭	●	押し出し
12日目	大栄翔（だいえいしょう）	東前頭3	●	突き落とし
13日目	玉鷲（たまわし）	東前頭4	○	突き落とし
14日目	友風（ともかぜ）	西前頭3	○	上手投げ
千秋楽	明生（めいせい）	西前頭10	●	寄り切り

初の金星、2度目の殊勲賞

▼令和元年（2019）年7月場所（名古屋場所）
朝乃山（東前頭筆頭）

7勝8敗で負け越し

取組日	取組力士		勝敗	決まり手
初日	豪栄道（ごうえいどう）	東大関	○	寄り切り
2日目	白鵬（はくほう）	西横綱	●	上手投げ
3日目	鶴竜（かくりゅう）	東横綱	●	肩すかし
4日目	高安（たかやす）	西大関	●	下手出し投げ
5日目	栃ノ心（とちのしん）	西大関	○	寄り切り
6日目	玉鷲（たまわし）	西関脇	●	押し出し
7日目	御嶽海（みたけうみ）	東関脇	●	押し出し
中日	遠藤（えんどう）	西前頭2	○	上手投げ
9日目	竜電（りゅうでん）	西小結	○	寄り切り
10日目	阿炎（あび）	東小結	●	引き落とし
11日目	北勝富士（ほくとふじ）	西前頭筆頭	○	寄り切り
12日目	大栄翔（だいえいしょう）	西前頭3	●	引き落とし
13日目	碧山（あおいやま）	東前頭2	●	はたき込み
14日目	正代（しょうだい）	東前頭3	○	寄り切り
千秋楽	佐田の海（さだのうみ）	西前頭13	○	寄り倒し

▼令和元年（2019）年5月場所（夏場所）
朝乃山（西前頭8枚目）

12勝3敗で58年ぶりの平幕優勝

取組日	取組力士		勝敗	決まり手
初日	魁聖（かいせい）	東前頭8	○	寄り切り
2日目	友風（ともかぜ）	西前頭9	○	上手投げ
3日目	明生（めいせい）	西前頭7	○	寄り切り
4日目	錦木（にしきぎ）	東前頭9	○	寄り切り
5日目	輝（かがやき）	東前頭10	○	すくい投げ
6日目	阿武咲（おうのしょう）	西前頭10	●	押し出し
7日目	嘉風（よしかぜ）	西前頭6	○	押し出し
中日	宝富士（たからふじ）	東前頭6	○	突き出し
9日目	竜電（りゅうでん）	西前頭5	○	寄り倒し
10日目	正代（しょうだい）	東前頭7	○	寄り切り
11日目	佐田の海（さだのうみ）	西前頭13	○	寄り切り
12日目	玉鷲（たまわし）	西前頭3	●	押し出し
13日目	栃ノ心（とちのしん）	西関脇	○	寄り切り
14日目	豪栄道（ごうえいどう）	東大関	○	寄り切り
千秋楽	御嶽海（みたけうみ）	西小結	●	寄り切り

幕内優勝、初の殊勲賞、3度目の敢闘賞

▼平成31年（2019）年3月場所（春場所）

朝乃山（東前頭8枚目）

7勝8敗で負け越し

取組日	取組力士		勝敗	決まり手
初日	宝富士（たからふじ）	西前頭7	○	すくい投げ
2日目	佐田の海（さだのうみ）	東前頭9	○	はたき込み
3日目	琴奨菊（ことしょうぎく）	西前頭8	●	寄り切り
4日目	矢後（やご）	西前頭10	○	押し出し
5日目	碧山（あおいやま）	東前頭7	●	押し倒し
6日目	勢（いきおい）	西前頭9	○	寄り切り
7日目	隠岐の海（おきのうみ）	東前頭6	●	寄り切り
中日	阿炎（あび）	西前頭6	○	寄り切り
9日目	阿武咲（おうのしょう）	西前頭5	○	はたき込み
10日目	石浦（いしうら）	東前頭15	○	はたき込み
11日目	竜電（りゅうでん）	東前頭11	●	寄り切り
12日目	逸ノ城（いちのじょう）	西前頭4	●	上手投げ
13日目	友風（ともかぜ）	東前頭13	●	上手投げ
14日目	輝（かがやき）	西前頭13	●	押し出し
千秋楽	琴恵光（ことえこう）	西前頭15	●	すくい投げ

▼平成31年（2019）年1月場所（初場所）

朝乃山（西前頭8枚目）

8勝7敗で3場所ぶりの勝ち越し

取組日	取組力士		勝敗	決まり手
初日	魁聖（かいせい）	東前頭8	●	寄り切り
2日目	遠藤（えんどう）	西前頭9	●	突き出し
3日目	宝富士（たからふじ）	東前頭10	●	突き落とし
4日目	竜電（りゅうでん）	東前頭7	●	寄り切り
5日目	大栄翔（だいえいしょう）	西前頭7	●	引き落とし
6日目	阿炎（あび）	西前頭10	○	押し出し
7日目	佐田の海（さだのうみ）	東前頭11	○	突き落とし
中日	嘉風（よしかぜ）	西前頭5	○	突き出し
9日目	千代大龍（ちよたいりゅう）	東前頭6	●	突き落とし
10日目	阿武咲（おうのしょう）	西前頭6	○	はたき込み
11日目	矢後（やご）	東前頭13	○	寄り切り
12日目	千代翔馬（ちよしょうま）	西前頭14	○	寄り切り
13日目	隠岐の海（おきのうみ）	西前頭4	○	上手投げ
14日目	大翔丸（だいしょうまる）	西前頭16	●	押し倒し
千秋楽	勢（いきおい）	西前頭11	○	上手投げ

▼平成30年（2018）年11月場所（九州場所）

朝乃山（西前頭5枚目）

6勝9敗で2場所連続の負け越し

取組日	取組力士		勝敗	決まり手
初日	貴ノ岩（たかのいわ）	東前頭6	○	上手投げ
2日目	輝（かがやき）	西前頭6	○	上手投げ
3日目	千代大龍（ちよたいりゅう）	東前頭5	●	押し出し
4日目	嘉風（よしかぜ）	西前頭4	●	押し出し
5日目	正代（しょうだい）	東前頭4	●	上手投げ
6日目	阿炎（あび）	東前頭7	●	上手投げ
7日目	松鳳山（しょうほうざん）	西前頭7	○	寄り切り
中日	勢（いきおい）	東前頭8	○	上手投げ
9日目	玉鷲（たまわし）	西前頭2	●	押し出し
10日目	豪栄道（ごうえいどう）	東大関	●	上手投げ
11日目	竜電（りゅうでん）	西前頭3	●	上手投げ
12日目	宝富士（たからふじ）	西前頭8	○	寄り切り
13日目	栃煌山（とちおうざん）	東前頭2	●	押し倒し
14日目	逸ノ城（いちのじょう）	西関脇	●	寄り切り
千秋楽	大奄美（だいあまみ）	東前頭15	○	寄り切り

▼平成30年（2018）年9月場所（秋場所）

朝乃山（西前頭5枚目）

7勝8敗で負け越し

取組日	取組力士		勝敗	決まり手
初日	妙義龍（みょうぎりゅう）	東前頭5	○	突き落とし
2日目	阿武咲（おうのしょう）	西前頭6	○	押し出し
3日目	阿炎（あび）	西前頭4	○	押し出し
4日目	輝（かがやき）	東前頭6	●	小手投げ
5日目	千代の国（ちよのくに）	東前頭4	○	寄り倒し
6日目	松鳳山（しょうほうざん）	東前頭7	○	きめ出し
7日目	栃煌山（とちおうざん）	西前頭7	●	突き落とし
中日	宝富士（たからふじ）	東前頭8	○	寄り切り
9日目	琴奨菊（ことしょうぎく）	西前頭8	●	寄り切り
10日目	北勝富士（ほくとふじ）	東前頭9	○	下手出し投げ
11日目	大翔丸（だいしょうまる）	西前頭9	●	突き落とし
12日目	佐田の海（さだのうみ）	東前頭11	●	下手投げ
13日目	大栄翔（だいえいしょう）	西前頭10	●	寄り倒し
14日目	嘉風（よしかぜ）	西前頭15	●	突き落とし
千秋楽	貴景勝（たかけいしょう）	西小結	●	押し出し

▼平成30年（2018）年7月場所（名古屋場所）

朝乃山（西前頭13枚目）

11勝4敗で勝ち越し。11勝は自己最多勝利

取組日	取組力士		勝敗	決まり手
初日	琴恵光（ことえこう）	東前頭14	○	突き落とし
2日目	隠岐の海（おきのうみ）	西前頭14	○	突き落とし
3日目	荒鷲（あらわし）	西前頭12	○	寄り切り
4日目	竜電（りゅうでん）	西前頭15	●	寄り切り
5日目	佐田の海（さだのうみ）	東前頭12	○	上手投げ
6日目	栃煌山（とちおうざん）	東前頭13	○	上手出し投げ
7日目	明生（めいせい）	西前頭16	○	突き落とし
中日	碧山（あおいやま）	東前頭11	○	寄り切り
9日目	石浦（いしうら）	東前頭15	○	押し出し
10日目	北勝富士（ほくとふじ）	東前頭16	●	押し出し
11日目	錦木（にしきぎ）	西前頭10	○	寄り切り
12日目	魁聖（かいせい）	東前頭4	●	寄り切り
13日目	妙義龍（みょうぎりゅう）	東前頭9	○	寄り切り
14日目	遠藤（えんどう）	東前頭6	○	押し出し
千秋楽	貴景勝（たかけいしょう）	西前頭3	●	寄り切り

2度目の敢闘賞

▼平成30年（2018）年5月場所（夏場所）

朝乃山（西前頭12枚目）

7勝8敗で3場所ぶりの負け越し

取組日	取組力士		勝敗	決まり手
初日	石浦（いしうら）	東前頭13	○	寄り切り
2日目	千代の国（ちよのくに）	西前頭11	○	寄り切り
3日目	碧山（あおいやま）	西前頭13	○	寄り切り
4日目	佐田の海（さだのうみ）	東前頭14	●	突き落とし
5日目	栃煌山（とちおうざん）	東前頭15	●	寄り切り
6日目	貴景勝（たかけいしょう）	西前頭10	○	はたき込み
7日目	大奄美（だいあまみ）	東前頭11	○	押し出し
中日	妙義龍（みょうぎりゅう）	東前頭16	●	寄り倒し
9日目	旭大星（きょくたいせい）	西前頭15	○	寄り切り
10日目	安美錦（あみにしき）	西前頭16	●	肩透かし
11日目	千代丸（ちよまる）	西前頭7	●	押し出し
12日目	荒鷲（あらわし）	東前頭12	○	寄り切り
13日目	豪風（たけかぜ）	西前頭14	●	はたき込み
14日目	輝（かがやき）	西前頭8	●	押し出し
千秋楽	錦木（にしきぎ）	東前頭17	●	寄り切り

▼平成30年（2018）年3月場所（春場所）
朝乃山（西前頭13枚目）
8勝7敗で2場所連続の勝ち越し

取組日	取組力士		勝敗	決まり手
初日	大翔丸（だいしょうまる）	東前頭13	●	押し出し
2日目	琴勇輝（ことゆうき）	西前頭12	○	押し出し
3日目	石浦（いしうら）	東前頭12	○	はたき込み
4日目	勢（いきおい）	東前頭14	●	寄り倒し
5日目	錦木（にしきぎ）	西前頭14	○	すくい投げ
6日目	碧山（あおいやま）	東前頭17	●	押し出し
7日目	栃煌山（とちおうざん）	東前頭11	○	寄り切り
中日	蒼国来（そうこくらい）	東前頭15	●	上手投げ
9日目	大奄美（だいあまみ）	東前頭16	○	押し出し
10日目	英乃海（ひでのうみ）	西前頭16	○	上手出し投げ
11日目	妙義龍（みょうぎりゅう）	西前頭15	○	引き落とし
12日目	大栄翔（だいえいしょう）	西前頭8	●	押し倒し
13日目	隠岐の海（おきのうみ）	東前頭9	○	下手投げ
14日目	豊山（ゆたかやま）	西前頭11	●	はたき込み
千秋楽	竜電（りゅうでん）	西前頭9	●	寄り切り

▼平成30年（2018）年1月場所（初場所）
朝乃山（西前頭16枚目）
9勝6敗で勝ち越し

取組日	取組力士		勝敗	決まり手
初日	大奄美（だいあまみ）	東前頭17	○	上手投げ
2日目	錦木（にしきぎ）	西前頭15	○	寄り切り
3日目	竜電（りゅうでん）	東前頭16	○	寄り切り
4日目	豊山（ゆたかやま）	西前頭14	○	寄り切り
5日目	旭大星（きょくたいせい）	西十両筆頭	○	寄り切り
6日目	石浦（いしうら）	東前頭15	○	押し出し
7日目	大栄翔（だいえいしょう）	西前頭13	●	押し出し
中日	輝（かがやき）	西前頭12	●	上手投げ
9日目	阿炎（あび）	東前頭14	●	引き落とし
10日目	大翔丸（だいしょうまる）	西前頭11	●	押し出し
11日目	蒼国来（そうこくらい）	東前頭12	○	押し出し
12日目	琴勇輝（ことゆうき）	東前頭11	●	押し出し
13日目	千代丸（ちよまる）	西前頭9	●	引き落とし
14日目	千代翔馬（ちよしょうま）	東前頭7	○	寄り倒し
千秋楽	豪風（たけかぜ）	東前頭13	○	突き落とし

▼平成29年（2017）年11月場所（九州場所）
朝乃山（西前頭11枚目）
5勝10敗で初の負け越し

取組日	取組力士		勝敗	決まり手
初日	隠岐の海（おきのうみ）	東前頭12	○	寄り切り
2日目	勢（いきおい）	西前頭10	●	押し出し
3日目	輝（かがやき）	西前頭12	●	寄り切り
4日目	大栄翔（だいえいしょう）	西前頭9	●	寄り倒し
5日目	遠藤（えんどう）	東前頭9	●	寄り切り
6日目	安美錦（あみにしき）	西前頭13	○	上手投げ
7日目	妙義龍（みょうぎりゅう）	西前頭15	●	寄り切り
中日	豪風（たけかぜ）	東前頭13	○	寄り切り
9日目	錦木（にしきぎ）	東前頭15	○	上手投げ
10日目	大奄美（だいあまみ）	西前頭14	●	寄り切り
11日目	碧山（あおいやま）	東前頭11	○	寄り切り
12日目	栃ノ心（とちのしん）	西前頭6	●	寄り切り
13日目	魁聖（かいせい）	東前頭10	●	寄り切り
14日目	琴勇輝（ことゆうき）	東前頭14	●	押し倒し
千秋楽	千代丸（ちよまる）	西前頭8	●	寄り切り

▼平成29年（2017）年9月場所（秋場所）
朝乃山（東前頭16枚目）＝新入幕
10勝5敗で勝ち越し

取組日	取組力士		勝敗	決まり手
初日	蒼国来（そうこくらい）	東十両筆頭	○	寄り切り
2日目	遠藤（えんどう）	東前頭14	●	はたき込み
3日目	豊山（ゆたかやま）	西前頭15	○	押し倒し
4日目	徳勝龍（とくしょうりゅう）	東前頭15	●	突き落とし
5日目	隠岐の海（おきのうみ）	西前頭14	○	下手ひねり
6日目	大翔丸（だいしょうまる）	東前頭12	●	突き落とし
7日目	大奄美（だいあまみ）	東十両3	○	すくい投げ
中日	佐田の海（さだのうみ）	西前頭12	○	寄り切り
9日目	千代丸（ちよまる）	西前頭11	○	押し出し
10日目	錦木（にしきぎ）	東前頭13	○	上手投げ
11日目	魁聖（かいせい）	西前頭13	○	寄り切り
12日目	荒鷲（あらわし）	西前頭9	●	寄り切り
13日目	大栄翔（だいえいしょう）	東前頭11	○	浴びせ倒し
14日目	阿武咲（おうのしょう）	東前頭3	●	押し出し
千秋楽	千代大龍（ちよたいりゅう）	西前頭3	○	押し出し

初の敢闘賞

▼平成29年（2017）年7月場所（名古屋場所）
朝乃山（十両西5枚目）
11勝4敗で大奄美、豊山と並び、優勝決定ともえ戦へ進出

取組日	取組力士		勝敗	決まり手
初日	豊山（ゆたかやま）	東十両5	○	寄り倒し
2日目	青狼（せいろう）	西十両6	○	寄り切り
3日目	安美錦（あみにしき）	西十両4	○	寄り切り
4日目	旭大星（きょくたいせい）	東十両6	○	寄り切り
5日目	天風（あまかぜ）	東十両7	○	下手投げ
6日目	琴恵光（ことえこう）	西十両7	○	上手投げ
7日目	豊響（とよひびき）	東十両2	○	上手投げ
中日	旭秀鵬（きょくしゅうほう）	西十両筆頭	○	寄り切り
9日目	魁聖（かいせい）	東十両筆頭	●	寄り切り
10日目	千代皇（ちよおう）	西十両3	●	押し出し
11日目	妙義龍（みょうぎりゅう）	東十両4	○	寄り切り
12日目	東龍（あずまりゅう）	東十両3	●	寄り切り
13日目	誉富士（ほまれふじ）	西十両10	○	寄り切り
14日目	阿炎（あび）	東十両14	○	浴びせ倒し
千秋楽	大奄美（だいあまみ）	東十両8	●	寄り切り

優勝決定戦

	大奄美（だいあまみ）	東十両8	●	下手投げ

▼平成29年（2017）年5月場所（夏場所）
朝乃山（十両東7枚目）
8勝7敗で勝ち越し

取組日	取組力士		勝敗	決まり手
初日	大奄美（だいあまみ）	西十両7	●	寄り切り
2日目	青狼（せいろう）	東十両8	○	寄り切り
3日目	安美錦（あみにしき）	西十両8	●	はたき込み
4日目	東龍（あずまりゅう）	西十両5	●	上手出し投げ
5日目	英乃海（ひでのうみ）	東十両5	○	寄り切り
6日目	剣翔（つるぎしょう）	西十両6	○	下手投げ
7日目	琴恵光（ことえこう）	西十両9	○	押し出し
中日	錦木（にしきぎ）	東十両4	●	寄り倒し
9日目	千代鳳（ちよおおとり）	東十両9	●	下手投げ
10日目	旭大星（きょくたいせい）	西十両3	○	寄り切り
11日目	竜電（りゅうでん）	東十両12	○	寄り切り
12日目	旭日松（あさひしょう）	西十両13	○	押し出し
13日目	千代丸（ちよまる）	東十両2	●	引き落とし
14日目	佐田の海（さだのうみ）	東十両筆頭	●	寄り切り
千秋楽	山口（やまぐち）	西十両4	○	寄り切り

▼平成29年（2017）年3月場所（春場所）

朝乃山（十両東12枚目）＝新十両

10勝5敗で豊響、大砂嵐と並び、優勝決定ともえ戦へ進出				
取組日	取組力士		勝敗	決まり手
初日	北磻磨（きたはりま）	西十両11	○	押し出し
2日目	北太樹（きたたいき）	東十両11	●	すくい投げ
3日目	旭日松（あさひしょう）	東十両13	●	押し出し
4日目	照強（てるつよし）	東十両14	○	押し倒し
5日目	力真（りきしん）	西十両13	○	寄り切り
6日目	安美錦（あみにしき）	西十両12	○	寄り切り
7日目	富士東（ふじあずま）	西十両14	○	押し出し
中日	剣翔（つるぎしょう）	東十両8	●	上手投げ
9日目	大砂嵐（おおすなあらし）	東十両7	●	押し倒し
10日目	東龍（あずまりゅう）	西十両9	●	上手投げ
11日目	琴恵光（ことえこう）	東十両5	○	寄り切り
12日目	山口（やまぐち）	東十両6	○	押し出し
13日目	大奄美（だいあまみ）	東十両9	○	寄り切り
14日目	青狼（せいろう）	西十両10	○	寄り切り
千秋楽	阿武咲（おうのしょう）	西十両2	○	上手出し投げ
優勝決定戦				
	豊響（とよひびき）	西十両3	●	突き出し

▼平成29年（2017）年1月場所（初場所）

石橋（西幕下7枚目）

7勝で全勝優勝				
取組日	取組力士		勝敗	決まり手
初日	翔天狼（しょうてんろう）	東幕下7	○	寄り切り
4日目	天空海（あくあ）	西幕下8	○	押し出し
6日目	豊ノ島（とよのしま）	西幕下6	○	寄り切り
中日	明瀬山（あきせやま）	西幕下9	○	上手投げ
9日目	北磻磨（きたはりま）	東幕下筆頭	○	送り出し
11日目	貴公俊（たかよしとし）	西幕下30	○	寄り切り
13日目	朝日龍（あさひりゅう）	東幕下51	○	寄り切り

幕下優勝

▼平成28年（2016）年11月場所（九州場所）

石橋（東幕下14枚目）

5勝2敗で勝ち越し				
取組日	取組力士		勝敗	決まり手
初日	竜王浪（りゅうおうなみ）	西幕下14	○	寄り切り
3日目	鳰の湖（におのうみ）	東幕下15	○	押し出し
5日目	翔天狼（しょうてんろう）	東幕下19	○	押し出し
中日	照強（てるつよし）	西幕下9	●	勇み足
10日目	芝（しば）	西幕下8	●	寄り倒し
12日目	出羽疾風（でわはやて）	東幕下12	○	上手投げ
14日目	白鷹山（はくようざん）	西幕下20	○	上手投げ

▼平成28年（2016）年9月場所（秋場所）

石橋（西幕下36枚目）

6勝1敗で勝ち越し				
取組日	取組力士		勝敗	決まり手
初日	白虎（びゃっこ）	東幕下36	○	寄り切り
3日目	古場（こば）	東幕下35	○	上手投げ
5日目	野上（のがみ）	西幕下37	●	押し出し
7日目	つる林（つるばやし）	西幕下39	○	寄り切り
9日目	朱雀（すざく）	西幕下42	○	送り倒し
11日目	高立（たかりゅう）	東幕下45	○	すくい投げ
14日目	大翔龍（だいしょうりゅう）	西幕下33	○	突き落とし

▼平成28年（2016）年7月場所（名古屋場所）

石橋（西三段目11枚目）

6勝1敗で勝ち越し				
取組日	取組力士		勝敗	決まり手
2日目	玉金剛（たまこんごう）	東三段目12	○	寄り倒し
4日目	華王錦（かおうにしき）	東三段目13	○	寄り切り
5日目	福轟力（ふくごうりき）	西三段目10	○	押し出し
7日目	鐵雄山（てつゆうざん）	東三段目7	○	寄り切り
9日目	希帆ノ海（きほのうみ）	西幕下58	○	寄り倒し
11日目	竜勢（りゅうせい）	西幕下44	●	寄り倒し
13日目	魁渡（かいと）	東三段目22	○	押し出し

▼平成28年（2016）年5月場所（夏場所）

石橋（東三段目66枚目）

6勝1敗で勝ち越し				
取組日	取組力士		勝敗	決まり手
初日	湊竜（みなとりゅう）	西三段目65	○	寄り切り
3日目	大天白（だいてんぱく）	西三段目64	○	寄り切り
6日目	東翔（あずましょう）	東三段目67	○	寄り切り
中日	西園寺（さいおんじ）	東三段目72	○	寄り切り
9日目	琴鎌谷（ことかまたに）	東三段目49	○	上手投げ
11日目	春日嶺（かすがみね）	西三段目88	○	寄り切り
13日目	琴太豪（ことだいごう）	西三段目44	●	寄り切り

▼平成28年（2016）年3月場所（春場所）

石橋（東三段目付出）

5勝2敗で勝ち越し				
取組日	取組力士		勝敗	決まり手
2日目	小柳（おやなぎ）	西三段目付出	●	寄り切り
3日目	一心龍（いっしんりゅう）	西三段目100	○	寄り切り
5日目	栃佐藤（とちさとう）	西三段目99	○	突き出し
7日目	龍司（りゅうつかさ）	東三段目100	○	上手投げ
10日目	琴虎（ことどら）	東三段目98	○	寄り切り
12日目	栃岐岳（とちぎだけ）	東三段目92	○	押し倒し
13日目	水戸司（みとつかさ）	西三段目89	●	寄り切り

編集担当が見た横顔

律義な努力家 あふれる富山愛 真っ向勝負で横綱へ

幕下から十両、幕内そして大関へと駆け上がる4年間を間近で見る機会に恵まれた。初優勝や悔しい負け越しなど場所ごとに「喜怒哀楽」を共にして垣間見えた横顔は、相撲の取り口と同じく真っ直ぐで努力家、律義な上に富山愛にあふれていた。令和初の新大関は早くも綱取りを期待され、富山のスターから日本のヒーローへと、どんどん手の届かない存在となり、ちょっぴりさみしさも感じている。

写真・文　川渕恭司（ビジネス開発室）

大関昇進伝達式を終え、担ぎ手の若い衆と笑顔を見せる朝乃山＝2020年3月25日、大阪市の久成寺

初めて会ったのは、十両昇進を決めた2017年の初場所後、土俵入りで着けるブリの化粧まわしを贈る時だった。まだまげも結えず、しこ名も本名の石橋のまま。「よろしくお願いします」。体育会系らしい礼儀正しさと、はにかんだような笑顔が印象的な若者だった。

しこ名を朝乃山英樹に改め、晴れて関取となった。「朝乃山関」と声を掛けると、ニックネームの「バッシーでいいっすよ」と照れ笑いしていた。19年からは「ティーズシーン」の取材を担当し、場所が終わるごとに話を聞いた。

前頭8枚目まで番付を上げ、令和初の19年夏場所で初優勝した。その時の「神対応」がいまだに忘れられない。

千秋楽の翌日、1時間の個別取材の約束をしていたが、高砂部屋には朝から100人近い報道陣が詰め掛け、58年ぶりの平幕優勝を競うように取材していた。とても2人になるタイミングなどない。長い記者会見が終わっても、

出世魚「ブリ」の化粧まわしは朝乃山のトレードマーク＝2018年8月2日

大関昇進を確実にし、色紙を持ってポーズをとる朝乃山
＝2020年3月23日、大阪市の久成寺

朝乃山関はまだ20人ほどの番記者に囲まれていた。午後は生番組に出演するため、もう時間がない。「今回の取材は無理か」とあきらめかけていた時に、「もう少し待っていてください」と声を掛けてくれた。

なじみの番記者たちの囲み取材を手短に済ませ、帰りを見届けた後、「30分しかないすけど、取材お願いします」と独占インタビューに応じてくれた。一躍時の人だ。断ってもいい場面だ。それでも富山のファンや読者を大切にする気持ちがうれしく、夢中でペンを走らせた。

夏場所の優勝を自信に、わずか1年で大関になった、のは事実だ。だが、本当に強くなった理由は、直後の名古屋場所で7勝8敗と負け越し、悔しさをぶつけた猛烈な稽古にあると思っている。

勝ち越していれば、目標の新三役が確実だった。ふがいない自分に腹が立ち、チャンスを逃した悔しさが自身を奮い立たせた。出稽古や巡業先で横綱の胸を借り、泥だらけになって土俵に上がった。「天狗になって上に行った人はいない」と助言には素直に耳を傾け、弱点を克服し、修正する努力家だ。以来、負け越しは一度もなく、4場所連続で2桁勝利を挙げ、ワンチャンスで大関をものにした。

「立場が人をつくる」と言うが、三役あたりから言動に自覚が出て、周囲への気配りや感謝も忘れないようになった。初優勝する直前の春場所中に、生ガキにあたり、終盤5連敗して負け越してからは食生活にも気を使い、筋トレの成果もあってみるみる体が大きくなった。

必殺の得意技「右四つ左上手」は、上半身ではなく、立ち合いの踏み込みが鍵を握る。ジムでの筋トレでは、200キロ近い重量で下半身を鍛えていた。「これは書かないでいいですよ」と断られたが、書かせてもらう。才能も努力で開花することを、人前で努力を見せない朝乃山関から教わった気がした。

力をつけた朝乃山関も、現時点で横綱白鵬《はくほう》だけには一度も勝ったことがない。「立ち合いで、強烈な張り手か(奇襲の)変化でもしたらどうですか」と聞くと、真顔で返された。「ぼくは真剣勝負しかできません。そんな相撲で勝ってもうれしくない。お客さんにどんな顔をしたらいいんですか」。

真っ向勝負で白鵬を寄り切る時は世代交代、朝乃山関が横綱に上がる時だと楽しみにしている。

大好きな富山への帰省が一番のリフレッシュだ。富山商時代の恩師、故・浦山英樹さんの自宅に必ず向かい、手を合わせる。実家近くの飲食店「丸忠」には2日間で3回も訪れ、スタバにも立ち寄る。三役昇進以降は「相撲に集中したい」とテレビ番組やCM出演は基本断っているが、富山でのトークショーや合宿だけは「地元のファンに直接感謝を伝える場」として大切にしてくれる。

最近は知名度も上がり、1人で自由に行動することが難しくなった。なにしろ、あの大きな体にちょんまげ、着物姿。目立たないわけがない。大関という重い看板を背負ってしまったが、まだ26歳の若者だ。友人と遊んだり、デートだってしたいに違いない。「スターの宿命」とはいえ、気の毒にさえ思う。

朝乃山関と「ティーズシーン」は、昇進のたびに表紙を飾るという「約束」を交わしている。これまで十両、幕内、三役、そして大関のタイミングで出してもらった。残る昇進はあと一つ。横綱だ。

大関伝達式の取材終わりに、冗談で「これ以上偉くなると、もう口も聞いてもらえないですね」と反応を見ると、「いやいや、横綱になっても取材受けますよ」とはにかんだ笑顔で答えてくれ、安心した。どんなに地位が高くなっても、おごることのない謙虚な姿勢は、これからも多くのファンをひきつけるだろう。

看板力士である大関は、一握りしかなれない「雲の上の存在」だ。それだけでも十分すごいのに、ファンは「次は綱とり」と期待する。これからは毎日がプレッシャーとの闘いだ。押しつぶされそうになったら、こっそりと帰省してほしい。その時だけは大関の看板を下ろし、素顔の「バッシー」でゆっくりしてもらいたい。

（富山の総合スポーツマガジンT'SCENE「ティーズシーン」朝乃山担当）

表紙写真
(表)2020年3月の大相撲春場所3日目で、大栄翔を押し出しで破る＝エディオンアリーナ大阪(草東良平撮影)
(裏)2019年11月の大相撲九州場所で、「愛と正義」と刺しゅうされた化粧まわしで土俵入りする＝福岡国際センター
3ページ写真
(上)朝稽古で股割りし、体をほぐす＝2020年3月12日、大阪市中央区(草東良平撮影)
(下)2020年3月の大相撲春場所中に、朝稽古の後、笑顔を見せる(草東良平撮影)
5ページ写真
(上)懐に潜り込もうとする炎鵬を捕まえ、前へ出る＝2020年3月17日、エディオンアリーナ大阪(吉田博昌撮影)
(下)大関昇進伝達式の記者会見で笑顔を見せる＝2020年3月25日、大阪市中央区
88ページ写真
2020年3月の春場所5日目の朝稽古で土俵を見つめる＝大阪市中央区(草東良平撮影)

朝乃山 大関への軌跡 正義全《まっと》う

2020年4月27日　初版発行

編著　北日本新聞社
発行　北日本新聞社
〒930-0094
富山市安住町2番14号
電話　076(445)3352
FAX　076(445)3591
振替口座　00780-6-450

定価　本体1500円＋税

取材・編集　北日本新聞社編集局
ティーズシーン編集室
協力　日本相撲協会
高砂部屋
朝乃山富山後援会
共同通信社
写真協力　共同通信イメージズ
関西写真記者協会
編集協力　北日本新聞開発センター
印刷所　とうざわ印刷工芸
表紙装丁　堀川　勇(アイアンオー)

本書は北日本新聞とティーズシーンに掲載された記事、写真をもとに再構成したものです。記事中の日時や時期、人物の肩書、事実などは、原則として各取組や新聞掲載当時のものです。